Wegweiser durch die Friedrich-Jubiläumsliteratur

berlin historica

Burkhard Hegermann

Wegweiser durch die

Friedrich-Jubiläumsliteratur

Unter Berücksichtigung der drei wichtigsten Grunddaten im Leben Friedrichs des Grossen:

1. seines Geburtstages am 24. Januar 1712
2. dem Tag der Erlangung der Königswürde am 31. Mai 1740
3. seines Todestages am 17. August 1786

1. Auflage, Berlin 2011

info@berlin-historica.de / www.berlin-historica.de

Umschlaggestaltung, Layout, Korrektur: Christine Faust, Stammbach –
www.multimediablende.de

ISBN 978-3-939929-14-7

Gliederung

A. Persönliche Einleitung

Der Literatur-Professor **Georg Witkowski**, Mitbegründer der Gesellschaft der Bibliophilen und des Leipziger Bibliophilen-Abends, schildert in seinen 2003 posthum erschienenen Erinnerungen "Von Menschen und Büchern" eine nirgendwo sonst zitierte Begebenheit anlässlich der Kunde vom deutschen Siege bei Sedan und der Gefangennahme Napoleons III. im Jahre 1870, Seite 35:

> "Da schmückte sich ganz Berlin, sogar auf das hohe Reiterdenkmal Friedrichs des Großen kletterte ein kühner Berliner Junge und setzte dem alten König einen Lorbeerkranz auf. Die Königin Augusta rief den Jungen nach seinem gefährlichen Streich zu sich ins Palais, schenkte ihm einen Taler, streckte ihm zum Abschied die Hand entgegen. Aber immer wieder weigerte sich der Junge, sie zu ergreifen, so warm ihm die Königin auch zuredete. Als sie nach dem Grunde seiner Weigerung fragte, sagte er verlegen:
> 'Majestät, et jeht nich! Der olle Fritze is zu dreckig."

Ich führe mein intensives Interesse an Friedrich dem Großen vornehmlich auf einen prägenden Eindruck während meiner frühen Kindheit in Pommern zurück. Die Stirnseite des großen Wohnzimmers meiner Großeltern mütterlicherseits wurde von dem in zahllosen Varianten (Stichen, Drucken, Gemälden) verbreiteten so genannten "Preussischen Karfreitagsbild" beherrscht: Friedrich der Große sitzt nachdenkend auf einer Brunnenröhre, umgeben von seinen Generälen, am Tage nach seiner ersten verlorenen Schlacht bei Kolin (18. Juni 1757). Ich habe dieses Gemälde über mehrere Jahre immer wieder staunend betrachtet, da meine Mutter und ich im geräumigen Hause meiner Großeltern während des Zweiten Weltkrieges bis zu unserer Flucht im Januar 1945 gewohnt haben.

Auch meine unerfreulichen Erlebnisse und Erfahrungen bei Kriegsende 1945 und in der unmittelbaren Nachkriegszeit (Flucht vor den Russen, Bombennächte in Charlottenburg, Einmarsch der Russen und Hunger) haben wohl in mir - dem damals Siebenjährigen - die Sehnsucht nach einer Periode erfolgreicher deutscher Geschichte aufkommen lassen und führten zwangsläufig in das Zeitalter Friedrichs des Großen.

Meine später auf dem Gymnasium geweckte Neigung für das Fach Geschichte und meine unstillbare Lese-Leidenschaft sowie meine Vorliebe für antiquarische Bücher haben dieses Interesse ständig gesteigert und vertieft. Im Laufe vieler Jahre habe ich eine umfangreiche Fridericiana-Bibliothek angelegt, die mich nun in die Lage versetzt, diese Abhandlung zu Papier zu bringen.

Ich widme dieses Werk meinen geliebten Zwillings-Enkelsöhnen Simon und Markus, für die schon in ihren frühen Jahren der große König eine vertraute Gestalt der preussisch-deutschen Geschichte geworden ist.

Das "preußische Karfreitagsbild"
Friedrich der Große nach der (ersten) verlorenen Schlacht bei Kolin (18.Juni 1757) mit Fürst Moritz von Anhalt-Dessau, Zieten, Seydlitz, Hülsen und Manstein in Nimburg

B. Vorschau auf die 300.Wiederkehr des Geburtstages Friedrichs des Großen

Schon jetzt wird die Aufmerksamkeit auf den 300. Geburtstag des "Alten Fritz" am 24. Januar 2012 gelenkt. Die Vorbereitungen zur Begehung dieses Jubiläums - vorher: 300 Jahre Königin Sophie Charlotte und 300 Jahre Charlottenburg - haben begonnen.

Am 17. März 2004 berichtete die Berliner Morgenpost auf Seite 22 unter einer Fotografie der Communs-des Neuen Palais im Park von Sanssouci, dass ab Mitte des Jahres die Communs-Kolonnade unter einer Einhausung verschwinden werde. Erst im Jahre 2012, anlässlich des 300. Geburtstages Friedrichs des Großen, solle die auf zehn Millionen Euro veranschlagte Restaurierung der aus dem Jahr 1766 stammenden Säulenkolonnade abgeschlossen sein. Ein runder Geburtstag wirft mithin seinen langen Schatten voraus und lässt erneut ein ebenso immenses Medienspektakel, wie in der Vergangenheit zur Person des größten preussischen Königs erwarten. Der letzte aufwendig begangene Gedenktag war bekanntlich der 200. Todestag Friedrichs im Jahre 1986.

Im Mai 2004 kündigte der Berliner Akademie Verlag eine von den Professoren **Günther Lottes** und **Brunhilde Wehinger** in Angriff genommene zweisprachige (deutsch-französisch) Ausgabe der Schriften Friedrichs des Großen in zehn Bänden an (sogenannte Potsdamer Ausgabe).

In einem Gespräch am 8. Oktober 2004 haben mir die beiden Wissenschaftler/ Herausgeber mitgeteilt, dass dieses Werk, welches nun zwölf Bände umfassen werde, rechtzeitig zum 300. Geburtstag des Königs vorliegen soll. Nach Auskunft des Verlags ist mit dem Erscheinen eines ersten Bandes nicht vor 2006 zu rechnen.[1]

Das Interesse aller Preussenfreunde an dem König ist im Sommer 2004 durch die umfangreiche Monografie von **Johannes Kunisch** "Friedrich der Große. Der König und seine Zeit" verstärkt worden. Nach dem Klappentext des Beck-Verlags "liege nun seit langer Zeit wieder eine gültige Biografie des Preussenkönigs vor, die nicht nur die so überaus komplexe Persönlichkeit

1 Vgl. nunmehr die Anmerkung auf Seiten 14 - 15

Friedrichs sensibel auslote, sondern zugleich mit souveräner Meisterschaft in die Geschichte des 18. Jahrhunderts einführe." Diese Aussage kann jedoch nur für den deutschsprachigen Raum gelten. Es wird übersehen, dass der große König insbesondere im westlichen Ausland ständig Gegenstand wissenschaftlicher Werke gewesen ist, beispielsweise:

Christopher Duffy: Frederick the Great. A military Life. London 1985.

Robert B. Asprey: Frederick the Great. The Magnificent Enigma. London 1986.

Giles.Mac Donogh: Frederick the Great. London 1999.

Dennis E. Showalter: The Wars of Frederick the Great. New York 1996.

David Fraser: Frederick the Great. London 2000.

Francoise Waget: Le prince et son lecteur (Charles Dantal). Paris 2000.

James R Gaines: Evening in the Palace of Reason. Bach meets Frederick the Great in the Age of Enlightenment. London 2005.

Jean-Paul Bled: Frederic le Grand. Paris 2004.
In der französischen Erstausgabe (Seite 601) ist die Beisetzung Friedrichs des Großen auf der Terrasse von Sanssouci am 17. August 1991 beschrieben worden. Dagegen geht die deutsche Ausgabe ("Friedrich der Große, Biographie". Artemis & Winkler Verlag. Düsseldorf, aus dem Jahre 2006 am Ende davon aus, dass der König am 18. August 1786 in der Garnisonkirche beigesetzt sei (Seite 364), ohne auf die Rückführung des Königs nach Potsdam überhaupt einzugehen. Daher ist die deutsche Ausgabe, die auch nicht als verkürzte Fassung verlegt worden ist, sehr mangelhaft und nicht zu empfehlen!

Im Jahre 2005 publizierte der 1947 in Dayton/Ohio geborene amerikanische Pianist und Journalist, **James R. Gaines**, Herausgeber und Chefredakteur des *Life Magazine* und des *Time* sein Buch "Evening in the Palace of Reason, Bach meets Frederick the Great in the Age of Enlightenment", in welchem er die Biografien des Königs und Bachs miteinander verknüpft und in den Werdegang des "Musikalischen Opfers" einbettet. Die deutsche Übersetzung ist im Jahre 2008 im Eichborn Verlag, Frankfurt a.M., unter dem Titel: "Das musikalische Opfer. Johann Sebastian Bach trifft Friedrich den Großen am Abend der Aufklärung" erschienen. **Robert Leicht** ("Zeit-Literatur" vom 9. Oktober 2008) setzt sich sehr kritisch mit der "an sich reizvollen Idee" auseinander und führt u.a. aus:

> "Bach trifft Friedrich den Großen im Zeitalter der Aufklärung" setzt eine Resonanz zwischen den beiden Lebensstrecken voraus, die einfach nicht gegeben war, mit Ausnahme der kurzen Begegnung in Potsdam, die zwar für den musikalischen Kanon eine eminente Folge hatte, aber sonst keine weitere für das Leben der beiden; und die auch nur knapp dreißig Seiten des ganzen Buches bestimmt.
> Wer sich also über Johann Sebastian Bach (und das Musikalische Opfer) oder über Friedrich den Großen und den Geist der Epoche präziser orientieren will, gewinnt aus den jeweils neueren Biografien von Christoph Wolff (J.S.B.) und Johannes Kunisch (Fr. Rex) sehr viel mehr - und erspart sich die vielen oft haltlosen und schweifenden Spekulationen, mit denen Gaines sein Buch durchsetzt. Ein Beispiel: "die Goldberg-Variationen, vielleicht sein bedeutendstes Klavierwerk und sicherlich eines seiner schwierigsten, überforderten möglicherweise in dieser Phase seines Lebens sogar Bachs eigene Virtuosität." Vielleicht bedeutendstes? Konnte er es nun selber spielen - oder nur möglicherweise nicht, oder im Alter nur möglicherweise nicht mehr? In Wirklichkeit gibt es nirgendwo Anhaltspunkte, dass Bach seinen Werken nicht gewachsen war. Oder: Gaines spekuliert absurderweise darüber, dass Bachs Sohn Carl Philipp Emanuel, Cembalist am Hof in Potsdam, das vertrackte "königliche Thema" ausgeheckt haben könnte, über das sich Friedrich nach einer dreistimmigen noch eine sechsstimmige Stegreiffuge gewünscht hatte - um einen Vaterkomplex abzureagieren und den Alten hereinzulegen. Welch ein Quatsch - als ob ein König sich fraternisierend mit einem Domestiken einen Streich ausgedacht hätte!"

Eberhard Straub befasst sich in der *Berliner Morgenpost* vom 21.November 2008 mit der deutschen Ausgabe mit dem Untertitel "James R. Gaines erzählt, wie Friedrich der Große den berühmten Komponisten auf die Probe stellte", geht ausführlich auf die Entstehungsgeschichte des "Musikalischen Opfers" ein, ohne jedoch eine Bewertung des Werkes von Gaines vorzunehmen. Meines Erachtens bringt die Lektüre dieses intelligenten und ideenreichen Werks großen Gewinn und zwingt den aufnahmebereiten Leser, sich nicht nur mit den im Werk enthaltenen Kurzbiografien der beiden großen Männer des 18.Jahrhunderts zu befassen, sondern - vertiefend - auch umfangreiche Biografien namhafter Historiker zu Rate zu ziehen.

Die Friedrich-Literatur-Welle ist ungebrochen. So veröffentlichte **Marie-Hèléne Cotoni** die "Correspondance de Frédéric II. avec Louise-Dorothée de Saxe-Gotha (1740 – 1767)“ in Oxford im Jahre 1999.

Francois-Mari Arouet: Voltaire 21. November 1694 - 30. Mai 1788

1992 gab **Hans Plechinski** den von ihm selbst aus dem Französischen ins Deutsche übersetzten Briefwechsel zwischen Voltaire und Friedrich dem Großen in Auszügen heraus. Der umfangreiche Briefwechsel zwischen den beiden berühmtesten und einflussreichsten Männern des 18. Jahrhunderts ist in drei Bänden und in einem Nachtragsband in den Publikationen aus den Königlich Preussischen Staatsarchiven - 81., 82., 86. und 90. Band - enthalten. Wer Freude an geistreicher, humorvoller Wiedergabe von Teilen dieses Briefwechsels hat, sollte sich die CDs "Wo es um Freundschaft geht" zwischen **Loriot** und **Walter Jens** anhören!

Im Jahre 2003 erschien im Langen Müller Verlag unter dem Titel ".....solange wir zu zweit sind" eine Auswahl aus dem Briefwechsel zwischen dem König und seiner Lieblingsschwester Wilhelmine, der Markgräfin von Bayreuth (auch als Hörbuch auf 6 CDs erhältlich). Eindrucksvoll und spannungsgeladen sind die 6 Hörbücher "Friedrich der Große - Aus meinem Leben", publiziert ab 2003 vom Archiv-Verlag in Braunschweig.

Ende 2004 ist im vorgenannten Verlag der großformatige "Atlas Friedrichs des Großen - Die friderizianische Zeit im Spiegel alter Karten" erschienen (Reproduktionen von Originalen des Geheimen Staatsarchivs und der Staatsbibliothek Stiftung Preussischer Kulturbesitz in Berlin).

Mitte August 2005 erschien in der Nicolaischen Verlagsbuchhandlung ein prächtiger großer Bildband "Schloss Sanssouci, die Sommerresidenz Friedrichs des Großen", mit sachkundigen Texten von **Hans-Joachim Giersberg**.

2005 erschien in Tübingen **Corinna Peterselkas** wissenschaftliches Werk "Die Zweisprachigkeit Friedrichs des Großen. Ein linguistisches Porträt".

Lesenswert ist auch das auf einem Ausspruch des Königs Bezug nehmende kleine Werk von **Hans Bentzien** "Nur in Rheinsberg bin ich glücklich gewesen", Berlin/Bonn 2001.

Herausgestellt werden muss an dieser Stelle das Buch von **Magdalena** und **Gunnar Schupelius**, München 2006, "Beruf König" Die wahre Lebensgeschichte von Friedrich II. Erzählt für Kinder und andere, München 2006.

2006 wurde der detailgetreue Roman **Thorsten Beckers** "Fritz" in Reinbek publiziert, der die Pläne Thomas Manns über eine Friedrich-Biographie aufgreift und der Grundlage des erfolgreichen Theaterstücks "Katte" am neuen Hans Otto Theater in Potsdam ist.

Im selben Jahr erschienen **Olaf Kappelts** "Spaziergang mit Friedrich dem Großen. Ein unterhaltsamer und lehrreicher Spaziergang vom Stadttor zum Geburtsort des Königs" und "Friedrich der Große: Meine Koch- und Küchengeheimnisse“ im BHV-Verlag Berlin, welche den Verfasser als kenntnisreichen und amüsant schreibenden promovierten Historiker ausweisen.

Im August 2006 veröffentlichte die Zeitschrift GEO Epoche einen interessanten Aufsatz mit dem Titel "Friedrich II., zerrissen zwischen Krieg und schönen Künsten".

Im selben Jahr erschien, verfasst von **Sibylle Prinzessin von Preußen** und **Friedrich Wilhelm Prinz von Preußen**, im Siedler Verlag München eine verwandtschaftliche Huldigung des Königs mit dem Titel "Die Liebe des Königs, Friedrich der Große, seine Windspiele und andere Passionen".

Unter dem Titel "Friedrich der Große, Maria Theresia und das Alte Reich" wurde 2006 im Akademie-Verlag Berlin die umfangreiche und auf tiefschürfenden jahrelangen Studien beruhende Habilitationsschrift von **Sven Externbrink** veröffentlicht.

Schließlich sei - ohne den Anspruch auf Vollständigkeit zu erheben - der im Jahre 2007 im Knecht-Verlag Freiburg erschienene historische Roman von **Cornelia Wusowski** "Friedrich der Große. Der ungeliebte Sohn" erwähnt, der weitestgehend auf gesicherten Fakten beruhend die Jugend des Königs bis zu seiner Thronbesteigung am 31. Mai 1740 schildert.

Außer der Reihe - nur für Krimi-Freunde - seien angesprochen:

Manfred Wüst: Das Attentat. Historischer Kriminalroman zu Beginn des Siebenjährigen Krieges, Oldenburg 2007., der ein kenntnisreiches Vorwort vorweist.

Jürgen Ziechmann: Die Kriminalfälle des Gerichtsassessors Joachim von

Bredow im Berlin Friedrichs des Großen. Erster Fall: Der Mord im Stelzenkrug. Edition Ziechmann. 2005.

Tom Wolf hat bisher folgende Preußen-Krimis im bebra-Verlag veröffentlicht:
Königsblau - Mord nach jeder Fasson. 2001.
Rabenschwarz - Zepter und Mordio. 2002.
Purpurrot - Tödliche Passion - . 2002.
Schwefelgelb - Mörderische Kälte - . 2003.
Smaragdgrün - Teuflische Pläne -. 2004.
Silbergrau - Blutige Spiele - . 2004.
Goldblond - Verheerende Torheit - . 2005.
Muskatbraun - Zerstreute Gesellschaft - . 2007.
Kreideweiß - Letzte Schreie - . 2008.

Von **Ronny Piezner** und **Harry Balkow-Gölitzer** erschienen ebenfalls im bebra-Verlag:
Preußen-Krimi-Kochbuch. Kochen wie Langustier. 2007.
Kristallklar - Mord à la carte - . 2009.

Im Jahre 2006 veröffentlichte die Historikerin **Karin Feuerstein-Praßer** im Pustet Verlag Regensburg, ihr Werk " Friedrich der Große und seine Geschwister".

Verdienstvoll ist auch die im Berlin Story Verlag im Jahre 2008 erfolgte Ausgabe des "Briefwechsels von Francesco Algarotti mit Friedrich II." (Herausgeber: Wieland Giebel).

Von **Detlef Rüster** stammt "Der ferne König. Friderizianische Miniaturen", ein Werk, welches im Jahre 2008 im Stapp Verlag, Berlin, erschienen ist. Dort wird die vom Leibarzt des Königs Christian Gottlieb Seile verfasste "Krankengeschichte des Königs" wörtlich zitiert.

Erwähnenswert sind auch die fundierten kurzen Aufsätze von H**einrich Glöß, Marcel Piethe, Uwe Michas** und **Jan Feustel** im Heft 68, Jahrgang 2008, der Mark Brandenburg mit dem Titel: "Der Alte Fritz und die Musen, Musik, Dichtung, Philosophie, Architektur".

Wie bereits auf Seite 8 (unten) erwähnt, ist 2007 als erster Band der Werke Friedrichs des Großen - Potsdamer Ausgabe - im Akademie Verlag Berlin der VI. Band publiziert worden, der u.a. den Antimachiavel, die Abhandlung über die Gründe, Gesetze einzuführen oder abzuschaffen und den Versuch über die Eigenliebe in deutscher und französischer Sprache enthält.
Im Vorwort der Herausgeber Anne Baillot, Brunhilde Wehinger und Günther Lottes heißt es dort u.a.:

> „Am 24.Januar 2012 jährt sich der Geburtstag Friedrichs des Großen zum 300. Mal. Man muss angesichts der engen Verflechtung der deutschen Nationalgeschichte mit der Preußens kein Prophet sein, um vorauszusagen, dass der Streit um die Deutungshoheit über Friedrich und über Preußen erneut entbrennen wird, obwohl die historischen Rahmenbedingungen sich verändert und die Deutungsentwürfe des langen 19. Jahrhunderts überall in Europa ihre Anziehungskraft eingebüßt haben. In einer solchen Lage ist es hilfreich, sich der Quellengrundlage zu vergewissern, von der aus zu argumentieren ist. Diesem Zweck dient die Potsdamer Ausgabe der Werke Friedrichs des Großen."

Im Anschluss an ihren Roman "Friedrich der Große. Der ungeliebte Sohn" veröffentlichte **Cornelia Wusowski** den Fortsetzungsroman "Friedrich der Große. Der einsame König", welcher die Zeit von der Thronbesteigung bis zum Tode des Königs zum Inhalt hat.
Dieser Roman erzählt auf dem Hintergrund historisch verbürgter Tatsachen viele erfundene und ausgeschmückte Liebesbeziehungen zu umfangreich, so z. B. das Liebesleben zwischen dem König und der Tänzerin Barberina. Die Darstellung weist viele Parallelen zu **Louise Mühlbachs** Fabulierkunst in deren dickleibigen Roman "Friedrich der Große und sein Hof" auf, der im Laufe des 19. Jahrhunderts in zahlreichen Auflagen verbreitet worden ist. Die Verfasserin meint, dass Voltaire den Schwarzen Adlerorden erhalten habe; tatsächlich verlieh der König aber seinem Gast den Orden "Pour Le Mérite".

Im Juni 2008 veröffentlichten die Monumente der Publikationen der Deutschen Stiftung Denkmalschutz in auch ansprechender äußerer Form des Malers **Lovis Corinth** "Fridericus Rex. Ein lithographischer Zyklus", kenntnisreich eingeleitet und kommentiert von Norbert Eisold mit Kurzbiografien des Königs und des Malers. Allerdings irrt Eisold, wenn er auf Seite 51 ausführt, der König habe die Tänzerin Barbarina in Paris tanzen gesehen.

Der an der Universität Potsdam lehrende Geschichtsprofessor **Peter-Michael Hahn** veröffentlichte 2007 im Stuttgarter W. Kohlhammer Verlag sein kritisches Werk "Friedrich der Große und die deutsche Nation, Geschichte als politisches Argument", dessen Vorwort am Anfang wie folgt beginnt:

> "Es ist heute wohl kaum möglich, dem kundigen Leser über das Leben und Wirken dieses Königs etwas völlig Neues zu berichten. Man läuft stets Gefahr, dass sich bei näherem Hinsehen der historische Bericht als eine Sammlung vertrauter Nachrichten erweist, und man von der Kritik mit dem kühlen Kommentar "not a nugget of news" abgetan wird. Schließlich haben Generationen von fleißigen Historikern und sendungsbewussten Publizisten dieses außergewöhnliche Leben oftmals bis in seine entferntesten Winkel ausgeleuchtet.
> Im Mittelpunkt dieses Buches stehen daher nicht der absolute Herrscher und Feldherr, der Dynast und Schriftsteller des 18. Jahrhunderts im Licht der Quellen. Vielmehr soll der Blick des Lesers auf unterschiedliche Friedrich-Bilder gelenkt werden, die von verschiedenen Autoren vor dem Hintergrund ihrer politischen Ambitionen mit spitzer Feder oder auch mit einem feinen Pinsel entworfen wurden. Friedrich der Große und Preußen waren nämlich zumeist kunstvolle Chiffren für aktuelle politische Leitvorstellungen im unverdächtig wirkenden Gewand einer vermeintlich glanzvollen Vergangenheit."

Im Oktober 2008 erschien der zweite Fall der Kriminalfälle des Gerichtsassessors von Bredow "Der Brand am Mühlendamm", verfasst von **Prof. Jürgen Ziechmann** im Eigenverlag, Süd-moslesfehn.

Der aus Ungarn stammende und in Kanada lehrende Geschichtsprofessor **Franz A. J. Szabo** veröffentlichte im Jahr 2008 seine ausführliche Geschichte des Siebenjährigen Krieges 1756 - 1763 = THE SEVEN YEARS WAR in EUROPE 1756 - 1763 (Pearson Education Ltd, Harlow, England), in welcher er Friedrich den Großen vehement kritisiert und im jede Größe abspricht:

> " Professor Szabo challenges the well-established myth that the Seven Years War was won through the military skill and tenacy of the King of Prussia, often styled "Frederick the Great." Instead he argues that Prussia did not win but merely survived the Seven Years War, and did so despite and not because of the actions und decisions of the king."

(Professor Scabo widerspricht dem geschickt etablierten Mythos, dass der Siebenjährige Krieg gewonnen wurde infolge des militärischen Könnens und der Hartnäckigkeit des Königs von Preußen, oft als "Friedrich der Große" betitelt. Stattdessen führt er Gründe dafür an, dass Preußen nicht gewann, sondern lediglich den Siebenjährigen Krieg überlebte und so tat trotz und nicht wegen der der Aktionen und Entscheidungen seines Königs [Übersetzung des Verfassers]).
Auf der überwiegenden Grundlage österreichischer Archivquellen vertritt er einseitig und parteiisch den Standpunkt und die Bewertungen der Ergebnisse dieses Krieges durch die Habsburger.
Die dem Werk angehängte Bibliografie ist umfangreich und wertvoll.

Eine ungewöhnliche Thematik behandelt das im Jahre 2008 publizierte Werk des promovierten Ingenieurs **Peter Fidrich**, der jahrelang im Topmanagement bei IBM, Nixdorf und bei Siemens Erfahrungen sammelte, mit dem Titel "Führen wie der ALTE FRITZ, Der Anti-Machiavelli für Manager". Auf der Umschlag-Rückseite dieses Buches heißt es:

> "Was macht gute Führung eigentlich aus? Friedrich der Große hat es bereits gewusst. Er machte Preußen zur Großmacht, indem er strikten Prinzipien folgte:
> Hol' dir die besten Leute ins Boot! Halte deine Untergebenen bei Laune! Schaffe Leitbilder! Sei offen für Innovationen! Peter Fidrich gewinnt eine neue, ungewöhnliche Perspektive auf das Leben und Wirken Friedrichs. II., das jedem Manager als Vorbild dienen sollte. "

Zur Frankfurter Buchmesse im Oktober 2009 erschien **Gerd Heinrichs** Werk "Friedrich II. von Preußen. Leistung und Leben eines großen Königs bei Duncker & Humblot, Berlin. In seinem Vorwort zu der umfangreichen Biografie erklärt Heinrich, dass es sein Ziel sei, "den König von den Schlacken zeitgeschichtlicher Betrachtungsweise zu befreien.“ Wertvoll sind die zahlreichen quellenmäßigen Anmerkungen und die 64 Seiten umfassende Zeittafel. Die kenntnisreiche Darstellung des Lebenswegs und insbesondere der sozialen Verhältnisse zur Zeit des Königs tragen zu einer Vertiefung des königlichen Lebenswegs wesentlich bei. Kleinere Mängel, z. B. Einmarsch am 28. August 1756[2], angeblicher Tod

2 Heinrichs, Seite 124 oben

Schwerins bei der Schlacht von Kolin[3], angebliche genaue Besichtigung des Schlosses Sanssouci durch Elisabeth Christine können in einer Neuauflage behoben werden. Die diesem Werk beigefügten Farbtafeln sind ein Gewinn. Ungewöhnlich ist die harsche Kritik an der Darstellung in Kunischs Biografie über die Wahrnehmungen des Königs[4].

Johannes Kunisch: Friedrich der Große in seiner Zeit. ESSAYS. C.H. Beck Verlag. München 2008.

Nach seiner hochgelobten Biographie Friedrichs des Großen legt Johannes Kunisch jetzt einen Band vor, in dem Themen aufgegriffen und vertieft werden, die in einer chronologisch angelegten Lebensgeschichte in dieser Ausführlichkeit nicht zur Sprache kommen können. Neben Beiträgen zur Rezeptionsgeschichte gehen die Essays auf widersprüchliche Aspekte im Denken und Handeln des preussischen Königs ein und präsentieren neue Erkenntnisse der Forschung, die unser Bild Friedrichs vervollständigen.
Wer wissen will, was es mit dem eigenwilligen Begräbniswunsch des Königs auf sich hatte, warum Friedrich seinen von ihm als unfähig angesehenen Neffen nicht von der Thronfolge ausschloss und wie sich seine harsche Kritik an der Rangerhöhungspolitik seines Großvaters, Friedrich I., erklärt, der findet hier Antworten auf höchstem wissenschaftlichen Niveau. Aber auch Thomas Manns Beschäftigung mit Friedrich dem Großen und der am Ende des 19. Jahrhunderts aufkommende Historikerstreit um den Ausbruch des Siebenjährigen Krieges werden kenntnisreich und eindringlich beschrieben.

Anfang 2005 erschien im Droste-Verlag das lesenswerte Buch des Sachsen **Klaus Günzel** "Der König und die Kaiserin. Friedrich II. und Maria Theresia."

Ebenfalls 2005 sind die auf der internationalen Tagung des Forschungszentrums Europäische Aufklärung in Potsdam vom 30. bis 31. Mai 2003 gehaltenen wissenschaftlichen Vorträge unter dem Titel "Geist und Macht. Friedrich der Große im Kontext der europäischen Kulturgeschichte", Herausgeberin **Brunhilde Wehinger**, publiziert worden.

---

3 Ebda., Seite 131 Mitte

4 Ebda., Seite 154 Mitte; Kunisch, Seite 391f

Vom 12. Juni bis zum 5. September 2004 fand im ehemaligen Schloss in Bad Pyrmont eine sehenswerte Ausstellung "Friedrich der Große. König zwischen Pflicht und Neigung" zum Gedenken an des Königs Kuraufenthalte dort in den Jahren 1744 und 1746 statt. Anlässlich dieser Ausstellung erschien ein von **Dieter Alfter** herausgegebenes Buch mit acht wertvollen Aufsätzen namhafter Autoren (z.B. Giersberg und Ziechmann) unter dem Ausstellungsmotto.

Reizvoll ist auch das kleine Buch von **Norbert Leithold** 1. Auflage 2005, "Friedrich der Große - wie er wirklich war oder die beliebtesten Irrtümer über den König von Preußen": Der Autor berichtet in seinem Vorwort, er habe sich seit seinem 12. Lebensjahr mit Büchern und Handschriften über den König vertraut gemacht.

Der im Geschichtsmagazin "DAMALS" tätige Journalist **Uwe A. Oster v**eröffentlichte im Frühjahr 2010: Preussen. Geschichte eines Königreichs, Piper Verlag GmbH, München. In diesem Werk sind dem großen König unter dem Titel "König der Vernunft" 183 Seiten gewidmet. Es handelt sich um eine populärwissenschaftliche, lesenswerte Abhandlung ohne neue Fakten oder Erkenntnisse. Dabei sind einige wenige Fehler anzumerken: Der Kaiser Karl VI ist nicht am 14.Dezember, sondern am 20. Oktober 1740 verstorben (Seite 100). Die Konvention von Westminster wurde nicht am 16.Januar 1754, sondern am 16.Januar 1756 abgeschlossen (Seite 116) und die Schlacht bei Hochkirch begann nicht um 03 Uhr, sondern um 05 Uhr mit dem Schlag der Kirchturmuhr (Seite 128).

Diese Darlegungen zeigen, dass der große König unvergessen ist, wie es auch die nachfolgenden Zeilen belegen werden:
So haben beispielsweise im Fragebogen der *Frankfurter Allgemeinen Zeitung* in den Jahren von 1994 bis 2000 so unterschiedliche Prominente wie Regine Hildebrandt (SPD-Politikerin), Renate Köcher (Demoskopin) diesen König als ihre Lieblingsgestalt der Geschichte sowie als ihren Helden in der Wirklichkeit (Hans-Peter von Kirchbach, Inspekteur der Bundeswehr) und wegen seiner militärischen Leistungen (FDP-Politiker Wolfgang Gerhardt) bezeichnet. In dem vorbezeichneten Fragebogen haben der ehemalige Verkaufsdirektor des KaDeWe, Volker Weihe, der Countertenor Jochen Kowalski und der Generaldirektor der Bayerischen Staatsgemäldesammlungen, Johann Georg

Prinz von Hohenzollern, den König ebenfalls als ihre Lieblingsgestalt in der Geschichte benannt.

Der nächste hohe Gedenktag wird der 300. Geburtstag Friedrichs des Großen am 24. Januar 2012 sein. Man darf sich, da - wie oben dargelegt - das Interesse an diesem König ungebrochen ist, schon heute auf den Medienrummel mit und ohne Tiefgang einstellen. Völlig zu Recht führt **Professor Günther Lottes** in seiner Einleitung zu dem im Forschungszentrum Europäische Aufklärung - FEA - im Jahre 2004 veröffentlichten Aufsatzband "Vom Kurfürstentum zum "Königreich der Landstriche" u.a. aus:

> "... daß wir nun offensichtlich nur noch anlassbezogen erinnern ... Dies ist wohl einer Medienlandschaft geschuldet, die ihre Themen auf dem Wissens- und Informationsmarkt mit entsprechenden Verkaufsstrategien zu platzieren sucht. Mittlerweile ist das Publikum auch schon so konditioniert, daß es an Jubiläen die entsprechenden Erwartungen knüpft."

C. Runde Geburtstage des Königs

Friedrich wurde am Sonntag, dem 24. Januar 1712, um 11:30 Uhr, im Berliner Stadtschloss geboren und dort am Nachmittag des 31. Januar in der Schlosskapelle durch den reformierten Bischof Ursinus von Bär getauft, wobei alle Glocken der Stadt geläutet und die Kanonen von den Wällen "unter Pauken und Trompeten" dreimal gelöst wurden. In der Kapelle war Musik. Die abwesenden Paten Kaiser Karl VI., die verwitwete Kaiserin, Zar Peter, die Generalstaaten, der Kanton Bern, der Kurprinz von Hannover und die verwitwete Herzogin von Mecklenburg wurden von dem Könige, der Königin, dem Kronprinzen und dem Fürsten von Anhalt vorgestellt. Der Prinz, als Prinz in Preussen und von Oranien geboren, wurde, nach den gleichzeitigen Berichten, Karl Friedrich getauft. Abends war prächtige Tafel bei Hofe und in der Stadt viel teilnehmender Jubel[5].

Seinen 50. Geburtstag beging der König 1762 noch während des Siebenjährigen Krieges, aber nach dem Ableben der Zarin Elisabeth am 5. Januar 1762,

---

5 so J.D.E. Preuß: Friedrich der Große. Eine Lebensgeschichte. 1. Band. 1832. Seite 5/6

welches die glückhafte Wende des Krieges zugunsten Preussens bedeutete, in Breslau.

Über seinen damaligen körperlichen Zustand gibt ein Brief Friedrichs Auskunft, den er bereits zuvor am 18. November 1760 aus Neustadt bei Meißen an die Gräfin Camas gerichtet hatte[6], in deutscher Übersetzung:

> "Diese ganze Lebensweise und diese Unordnung, die nie aufhört, haben mich so alt gemacht, daß Sie Mühe haben werden, mich wieder zu erkennen. Auf der rechten Seite meines Kopfes sind die Haare grau; meine Zähne zerbrechen und fallen aus; mein Gesicht ist voller Runzeln, wie die Falbeln eines Unterrocks, mein Rücken gekrümmt wie ein Bogen, mein Geist traurig und niedergeschlagen wie ein Mönch von La Trappe."
> [Zisterzienser der Abtei La Trappe]

Anna Louisa Karschin (1. Dezember 1722 - 12. Oktober 1791), von ihren Zeitgenossen die "deutsche Sappho" genannt, verfasste am 24. Januar 1762 in Magdeburg eine Ode an die Königin:
"Er lebet! Königinn, und Du rufst Deiner Seele, wenn sie bebet, im hohen Ton des Trostes zu: Der König lebet!"[7]

Franz Christoph Jetze hielt in Stargard 1762 eine Rede auf den Geburtstag des Königs mit dem Titel: "Von dem Licht der Erkenntnis, welches der Krieg verbreitet."[8]

Erwähnenswert ist auch der "Discours prononcé au jour memorable du glorieux aniversaire de la naissance de notre Monarque le 24.Janvier 1762 dans la Loge de l'Amitié“ in Berlin.[9]

Die Karschin fertigte die literarische Vorlage für eine Kantate zu diesem Geburtstage des Königs, die vom Magdeburger Musikdirektor **Johann Heinrich**

---

6 Vgl. Der Briefwechsel Friedrichs des Großen mit der Gräfin Camas und dem Baron Fouque. Veröffentlichungen aus den Archiven Preussischer Kulturbesitz. Band 1. 1967. Seite 26/27.

7 Vgl. "Karschin“-Ausstellung im Oktober/November 1991 in der Staatsbibliothek Berlin

8 Vgl. Max Baumgart: Literatur des In- und Auslandes über Friedrich den Großen. 1886. Seite 233. Reprint im Archiv-Verlag. Braunschweig 1999.

9 Vgl. Baumgart, aaO, Seite 233.

Rolle komponiert wurde und am 24. Januar 1762 in der Deutsch-Reformierten Kirche in Gegenwart des in der Magdeburger Festung weilenden preußischen Hofes uraufgeführt worden ist.[10]

Dort heißt es unter der Fußnote 72:

> "Nach der Vormittags-Predigt wurde eine, von der Frau Karschen, der Dichterin, die Deutschland Ehre macht, auf dieses frohe Fest verfertigte, und gedruckt unter die grosse Menge der Zuhörer ausgetheilte schöne Cantate, in einer von dem berühmten Music-Directore Herrn Rolle, aufgesetzten rührenden Music öffentlich aufgeführet".[11]

Seit 1787 - ein Jahr nach Friedrichs Tod - hat die Akademie der Wissenschaften zu Berlin ohne Unterbrechung alljährlich zum Tage seiner Geburt sein Gedächtnis durch Festreden gefeiert. Als Beispiel diene die Vorlesung in der öffentlichen Sitzung der Akademie am 24.Januar 1805 "Ueber die Geschichte Friedrichs des Zweyten" (Seite 8):

> "Nicht Cäsar war er, nicht Alexander und nicht Marc Aurel; er ist der Preußen Friedrich, an dem die Natur zeigen wollte, daß solche Männer hervor zu bringen sie jetzt nicht minder gewaltig ist, als je im hohen Alterthum."

Der Festredner der vorbenannten Rede, der Historiograph **Johannes von Müller,** hat dann am ersten Friedrichstage nach der Schlacht bei Jena in der Akademie nach der Mitteilung von **Reinhold Koser** im Hohenzollern-Jahrbuch 1911, Seite 36/37, "jene unglückliche Festrede auf den königlichen Stifter gehalten, deren Unterwürfigkeit gegen den Welchen Ueberwinder dem Verfasser trotz der Ostentation, mit der kein Geringerer als Goethe sich seiner annahm, so stark verdacht wurde." In Müllers Vorlesung am 29. Januar 1807 zur Feier des "Wiedergedächtniß" der Stiftung der Königlichen Akademie der Wissenschaften "Von dem Ruhm Friedrichs II." heißt es am Schluß:

> "Und Du, unsterblicher Friedrich, wenn von dem ewigen Wohnort, wo zwischen den Scipionen, Trajanen und Gustaven Du einherschreitest, Dein Geist, vorübergehender Verhältnisse frei, sich einen Augenblick zu

---

10 Vgl. Guido Heinrich: Die Rezeption der Kriegslyrik Anna Louise Karschs in Berlin, Halberstadt und Magdeburg in "Krieg ist mein Lied" Der Siebenjährige Krieg in den zeitgenössischen Medien. herausgegeben von Wolfgang Adam und Holger Dainat. Wallstein Verlag. Göttingen 2007. Seiten 137 (175).

11 Zitat aus der Magdeburgischen Privilegierten Zeitung, Nr. 11 vom 26. Januar 1762.

dem herablassen will, was wir auf der Erde große Geschäfte nennen: So wirst Du Sieg, Größe und Macht immer Dem folgen sehen, welcher Dir am meisten gleicht; wirst sehen die unwandelbare Verehrung Deines Namens; Franzosen, die Du immer sehr geliebt, mit den Preußen, deren Stolz Du bist sich vereinigen, zu der Feier der ausgezeichneten Tugend, an die das Andenken Deiner Thaten erinnert."

Bei **Koser,** aa0., Seite 38, heißt es wörtlich:

"Friedrichs Werk ab und tot, wie er selber - niemand hat dies Urteil kürzer und bündiger ausgesprochen als der in der Schweiz zurückgebliebene Bruder des nach Preußen zugewanderten und nach dem Zusammenbruch von Jena und Tilsit an Preußen verzweifelten Johannes von Müller. In einem Brief vom 24. Januar 1809, dem letzten Friedrichstage, den er erlebt hat, sprach Johannes, jetzt Untertan und Beamter Jerömes von Westfalen, doch noch einmal von dem "Großen Friedrich", seinem Helden. Der Bruder antwortete wegwerfend:

"Du redest von einem Friedrich dem Großen: hat er vor tausend Jahren gelebt? Oder warum ist keine Spur mehr von ihm in Deutschland vorhanden?"

Als ein weiteres Beispiel diene die Festrede zur Feier des Jahrestages Friedrichs II. am 28. Januar 1885 von **A. Böckh** in der Akademie über das Urteil, welches Friedrich selber über seinen eigenen Wert als Philosophen und Feldherrn gefällt hatte.

Berühmt ist vor allem die Festrede, welche **Ewald Friedrich von Hertzberg**, damals Eigentümer des noch existierenden Britzer Schlosses, am 25.Januar 1787 in der öffentlichen Versammlung der Akademie von Berlin in der vorgeschriebenen französischen Sprache gehalten hat mit dem Titel: "Mémoire historique sur la derniére année de la vie de Fréderic II Roi de Prusse."
Deren Einleitung lautet in der mir vorliegenden Broschüre aus dem Jahre 1787:

"Cette Academie ayant toujours en l'usage, de célébrer le 24.de Janvier, le jour de naissance du Roi son restaurateur dans une assemblée publique, & cet usage devant étre continué à l'avenir en mémoire du renouvellement de l'Academie faite au méme jour, j'ai crû ne pouvoir mieux satisfaire á mon devoir d'Academicien, qu'en lisant dans cette séance un Memoire relativ á quelque objet d'utilité publique pour notre Etat, & en rendant en méme tems un compte abrégé des transactions publiques de l'année passee & de l'administration d'un Souverain, qui depuis longtems est généralement regardé comme le modéle des Rois, & qui n'a pas á craindre la publicité de ses actions. J'ai eu la satisfaction qu'une publication aussi généreuse á été applaudie assez généralement au dedans & au dehors par des personnes sages & non prévenues, & par le suffrage flatteur pour moi des premiers & des plus respectables Souverains de l'Europe; qu'elle a fait connoître plus particuliérement le bonheur & la force intrinseque de la Monarchie Prussienne d'ailleurs si médiocre en surface & étendue, & que pour le bien général de l'humanité eile a excité en même tems l'admiration & l'émulation des autres Gouvernemens de l'Europe."

Die unermüdliche Arbeitsweise des todkranken Königs wird von dem Augenzeugen von Hertzberg so geschildert[12]:

"Dans l'après-dînée il signoit toutes les dépêches & lettres, qu'il avoit dictées le matin & que ses Secretaires etoient obligés d'expédier vers ce tems - là. Il nous faisoit appeller de nouveau á 5 heures & nous retenoit jusqu'à 8, ou il nous renvoyoit pour souper, pendant qu'il pasoit le reste de la soirée a se faire relire par son lecteur les ouvrages de quelques anciens auteurs, comme Cicéron, Plutarque & c.& c. à lire ensuite ses nouvelles dépêches, & à prendre après le peu de sommeil que son état lui permettoit. Ce train de vie fut continué invariable-ment jusqu'au 15. d'Août,jour, auquel il dicta & signa encore des dépêches sie bien raisonnées qu'elles auroint fait honneur au ministre le plus routiné. Il ne cessa de faire les grandes fonctions de Roi & des Ministre d'Etat qu'au 16.Août,jour, où il perdit les sens & la connoissance, & dans la nuit duquel au 17. il cessa de vivre,en exhalant sa grande ame sans aucun mouvement convulsif en ma présence & en celle de notre digne confrère Mr. le Médecin Selle."

Deutsche Übersetzung:

„Nachmittags unterzeichnete er alle Depeschen und Briefe, die er am Morgen diktiert hatte, und die seine Sekretäre gegen die Zeit mußten expediert haben. Dann ließ er uns aufs neue gegen 5 Uhr rufen und

12 Die deutsche Übersetzung findet sich bei Volz: Friedrich der Große im Spiegel seiner Zeit, Dritter Band, Seite 226, und wird nachstehend wiedergegeben.

behielt uns bis 8 bei sich, wo er uns zum Abendessen entließ; indes er den übrigen Teil des Abends damit hinbrachte, daß er sich durch seinen Lecteur die Werke einiger alter Schriftsteller, als Cicero, Plutarch usw., vorlesen ließ, daß er hierauf seine neuen Depeschen las und endlich den wenigen Schlaf genoß, den ihm sein Zustand erlaubte.

Diese Lebensweise ward unabänderlich bis zum 15. August fortgesetzt, an welchem Tage er noch so richtig durchdachte Depeschen diktierte, daß sie dem erfahrensten Minister würden Ehre gemacht haben. Nur am 16.August hörte er auf, die großen Geschäfte als König und Staatsmann zu führen. An diesem Tage verlor er das Bewußtsein, und in der Nacht zum 17. endete sein Leben, indem er seine große Seele ohne eine konvulsivische Bewegung in Gegenwart meiner und unseres würdigen Mitgliedes, des Arztes Herrn Seile, ausatmete."[13]

Die Person des Historikers **Johannes von Müller** rechtfertigt an dieser Stelle eine Ergänzung: Eine ausführliche und lesenswerte Darstellung der damals bedeutenden Stellung Johannes' von Müller als Historiker und insbesondere seine "Wendehals"-Haltung kurz vor Preußens Niederlage gegen Napoleon im Oktober 1806 und nach Napoleons Einzug in Berlin gibt Gustav Seibt in "Goethe und Napoleon. Eine historische Begegnung"[14]:

> "Als preußischer Hofgeschichtschreiber drückte er in Briefen vor Jena und Auerstedt seinen Haß gegen Napoleon aus, um nach seiner persönlichen Begegnung mit dem Kaiser im Berliner Schloß„ umzufallen und sich in einem Brief an seinen Bruder in der Schweiz rühmte, dass "bisher sei nie ein einzelner Gelehrter zum Kaiser berufen worden."
>
> Im September 1807 erhielt von Müller seinen Abschied vom preußischen König und wurde Minister im neuen Königreich Westphalen des Napoleon-Bruders Jèrôme. 1809 starb von Müller."

Der 100. Geburtstag Friedrichs im Jahre 1812 fand im damaligen Niedergang Preußens - 14. Oktober 1806: Niederlage gegen Napoleon in der Doppelschlacht

---

13 Ein glücklicher, noch rechtzeitig eingetretener Zufall wollte es, dass ich die "Mémoire historique sur la dernière année de la vie de Frederic II." vor Abschluß meiner Arbeit über ein Hamburger Antiquariat habe erwerben können, woraus sich die Einfügung der Seiten 22 unten bis 24 oben herleitet.

14 C.H. Beck Verlag, München, 2. Auflage, 2008, Seiten 57 bis 68.

von Jena/Auerstedt - und am 24. Februar 1812: Verpflichtung Preußens gegenüber Napoleon zur Stellung eines Hilfskorps von 20.000 Mann gegen Russland - statt.

Veit Valentin, Friedrich der Große, 1927, Seite 127, urteilte:

> "Friedrich sank im Andenken der Menschen. Die' Geschichte seines Ruhmes beginnt mit Verachtung."

Ganz so schlimm ist es jedoch wohl nicht gewesen. **Abel Burja** hielt eine Rede in Berlin mit dem Titel "Friedrichs Ruhm". **Johann Daniel Hensel** veröffentlichte einen "Feiergesang am 100jährigen Geburtstagsfeste Friedrichs des Einzigen."

August Hartung hielt am 24.Januar 1812 eine Rede mit dem Titel "Bruchstücke aus Friedrichs des Einzigen Jugendgeschichte" und **Carl Gottlieb Heinrich Kapf** schuf einen Hymnus über Friedrich den Einzigen.

Lesenswert und sehr informativ ist **Reinhold Kosers** Aufsatz "Friedrichsfeier vor hundert Jahren" im Hohenzollern-Jahrbuch 1911, Seite 36 ff:

> "Der hundertste Geburtstag Friedrichs des Großen fiel zusammen mit dem Tiefstand der Erniedrigung Preußens.
>
> ...
>
> Das war nicht die Zeit zu Jubelfeiern, zur Freude am Vaterlande und an seine größten Erinnerungen. Von dem Denkmal für Friedrich, das zu Ende des achtzehnten Jahrhunderts für den Gendarmenmarkt in Berlin geplant worden war, wurde nicht mehr gesprochen."

Nach **Koser** (aaO.) beschränkte sich die Feier des Hofes darauf, dass der Hofprediger Ehrenberg in seiner Predigt zu dem am Sonntag, dem 26. Januar, gefeierten Krönungs- und Ordensfeste mit dankbarer Rührung des 24. Januar gedachte, "an welchem vor hundert Jahren die Vorsehung dem preußischen Staate seinen Friedrich den Großen schenkte."

Preuß, Friedrichs des Großen Jugend und Thronbesteigung, 1840, fasst in seinem Vorwort die damaligen Zustände so zusammen:

> "Als in dem Jahre 1812 das lOOjährige Geburtsjubiläum des großen

Königs eintraf, da waren die politischen Verhältnisse des Vaterlandes so ungünstig, daß an eine hervorragende Jubelfeier nicht zu denken war; nur in dem Kreise der Wissenschaft, der Poesie und der Humanität ward der 24.Januar begangen.

...

Auch wurden 107 Veteranen, die den Siebenjährigen Krieg mitgekämpft, von einer Anzahl von Mitgliedern der Börsenhalle in Berlin, welche selbst ein Festmahl hielten, gastlich bewirthet."

In der ersten Hälfte des 19. Jahrhunderts warfen ihm seine Gegner, z. B. Klopstock, Novalis, Jahn und Arndt vor, "undeutsch" gewesen zu sein, kein Nationalgefühl besessen und allein preussische Machtinteressen vertreten zu haben. Bei Professoren und Studenten (Burschenschaften) und in deutsch-christlichen Kreisen herrschte eine starke anti-friderizianische Stimmung vor. Erst im Vorfeld des 100jährigen Jubiläums der Thronbesteigung 1840 schlug die Stimmung um[15].

Auch der 150. Geburtstag im Jahre 1862 - im September wurde Bismarck preussischer Ministerpräsident - geht ohne große äußere Feierlichkeiten vorüber. Dennoch wurde dieser Gedenktag begangen. Ich bin im Besitz eines bei Mittler & Sohn verlegten Vortrages über Friedrich den Großen und die Kadettenanstalten, den am 24.Januar 1862 ein unbekannter Verfasser in der Militärischen Gesellschaft zu Berlin gehalten hat und der wie folgt beginnt:

"Der heutige Tag ist seit einer Reihe von Jahren dazu bestimmt, mit patriotischem Hochgefühl zurückzublicken auf den erhabnen Monarchen, der unser Vaterland groß gemacht hat, und zwar groß gemacht durch die Armee, durch seinen Geist, durch die Kraft und Energie seines Willens, durch die rastlose Erfüllung seines dornenvollen königlichen Berufs."

Louis Starost veröffentlichte eine Jubelschrift mit dem Titel "Hoch lebe der alte Fritz in der Armee. Ein Salut zur Gedächtnisfeier des 150jährigen Geburtstages", Magdeburg, 1862.

---

15 Vgl. Jürgen Luh, Friedrich und Heinrich. Zur Darstellung der brüderlichen Beziehung in der Geschichtsschreibung seit 1840, Jahrbuch 2001 - 2002 der Stiftung Preußischer Schlösser und Gärten Berlin-Brandenburg, Seite 209 (210)

Die Wiederkehr des 200. Geburtstages im Jahre 1912 fiel völlig aus dem bisherigen Rahmen und trug die Züge einer - überzogenen - Heldenverehrung. **Veit Valentin** (aa0., Seite 135) nennt sie einen "zweiten Höhepunkt der friderizianischen Renaissance". Erster Höhepunkt ist ab 1840 die kleindeutsche Bewegung: Feierlichkeiten zum 100. Thronjubiläum.

So wurde zu der 200jährigen Wiederkehr des Geburtstages eine im Besitze des Gouvernementspastors von Podolien (historische Landschaft in der westlichen Ukraine) Bernhard Groundstroem, befindliche Schrift seines Vorfahren, des Professors **Charles Dantal**, des Vorlesers des Königs seit 1784, veröffentlicht, die im Jahre 1791 bereits in Elbing erschienen war unter dem Titel "Friedrich der Einzige in seinen Privat- und besonders Literarischen Stunden." Dantal war Mitglied der französischen Kolonie in Berlin, Lehrer am Potsdamer Militärwaisenhaus und später Professor für die französische Sprache an der Ingenieur-Akademie in Potsdam.

Zum 24. Januar 1912 erschienen folgende Publikationen:

1. Eine neue Auflage und eine Volksausgabe der noch heute bedeutendsten Biografie über Friedrich den Großen von **Reinhold Koser** (sogenannter "Liebkoser") "Geschichte Friedrichs des Großen",
2. **Herman von Petersdorff**, Friedrich der Große. Ein Bild seines Lebens und seiner Zeit (Vorwort: Preußen rüstet sich zur Zweihundertjahrfeier seines großen Königs),
3. **Richard Wolff**, Vorstand des Vereins für die Geschichte Berlins, "Berliner geschriebene Zeitungen aus dem Jahre 1740. Der Regierungsanfang Friedrichs des Großen", Vorspruch: "Seine Majestät der Kaiser und König, der Protektor des Vereins für die Geschichte Berlins, hat die Gnade gehabt, am 26.Oktober 1911 das erste Exemplar dieser Festschrift zur Feier des 200. Geburtstages Friedrichs des Großen persönlich von dem Vorsitzenden unseres Vereins entgegenzunehmen."
4. **Paul Seidel**, Friedrich der Große und die Bildende Kunst,
5. Generalfeldmarschall **Alfred Graf von Schlieffen**, Friedrich der Große. Zur zweihundertjährigen Wiederkehr des Tages seiner Geburt,
6. **Adolph Kohut**, Friedrich der Große als Persönlichkeit und Charakter,
7. **Johannes Henningsen**, Fridericus, mein König! Zum zweihundertjährigen Geburtstage des Preußenkönigs für Schule und Haus,

8. Generalmajor **Constantin von Zepelin/Louis von Scharfenort**, Friedrich der Große. Dem deutschen Volke geschildert bei der zweihundertjährigen Wiederkehr des Tages seiner Geburt,
9. **Maximilian Ritter von Hoen, Walter von Bremen**, Der Siebenjährige Krieg in: Die Kriege Friedrichs des Großen 1740 - 1763,
10. **Max Leitzke**, König Friedrich der Große. Ein Gedenkblatt zum 24.Januar 1912. Für die deutsche Jugend und das deutsche Volk,
11. **Gustav Mendelsohn-Bartholdy**, Der König. Friedrich der Große in seinen Briefen und Erlassen sowie in zeitgenössischen Briefen, Berichten und Anekdoten,
12. **Emil Jacobs** (Hrsg.), Die Briefe Friedrichs des Großen an Thieriot,
13. **Emil Du Bois-Reymond**, Friedrich II. und Jean Jacques Rousseau,
14. Adolf Kannengießer, Friedrich der Einzige. Ein Charakterbild des großen Königs in seinen Worten,
15. **Friedrich Laske**, Die Trauerfeierlichkeiten für Friedrich den Großen,
16. Sonderbeilage des **Berliner Tageblattes**, Friedrich der Große. Zum 24.Januar 1912 mit mehreren Aufsätzen,
17. **Conrad Matschoss**, Friedrich der Große als Beförderer des Gewerbefleißes. Zur 200. Wiederkehr des Geburtstages Friedrichs des Großen im Auftrage des Vereins zur Beförderung des Gewerbefleißes,
18. **Paul Kunzendorf** (Hrsg.), Frideriziana. Lebens- und Weisheitssprüche Friedrichs des Großen. Gedenkblatt zu seinem 200jährigen Geburtstag,
19. **Wilhelm Wohlrabe**, Vom alten Fritz. Ein Gedenkbuch zur 200jährigen Wiederkehr des Geburtstages des Königs,
20. **Karl Heyde**, Friedrich der Große. Ein Bild seines Lebens,
21. **Wilhelm Hollweg**, Friedrich II. der Große,
22. **Tony Kellen**, Friedrich der Große. Ein Lebensbild für die Jugend zur Erinnerung an den 200. Geburtstag des Königs,
23. **Albert Kressmann**, Friedrich der Große. König von Preußen,
24. **Theodor Rehtwisch**, König Friedrich der Große. Ein Gedenkbuch zu seinem 200jährigen Geburtstag 24.1.1912,
25. **Paul Schreckenbach**, Friedrich der Große. 1712 -1912. Ein Bild seines Lebens und Wirkens zu seinem 200. Geburtstag für Jugend und Volk,
26. **R. Salvator**, Maria Theresias Kampf gegen Friedrich den Großen. Eine österreichische Stimme zur Zweihundertjahrfeier des Geburtstages Friedrichs des Großen, Wien,

27. **Friedrich Holtze**, Friedrich der Große als Jurist. Ein Gedenkblatt zu seinem 200. Geburtstag, Deutsche Juristenzeitung 1912, Spalte 129 - 131,
28. **Hermann Petrich**, Vom alten Fritz, als er bei Jahren war. Allerlei aus seinem Leben. Zur 200. Wiederkehr seines Geburtstages am 24.1. 1912, dem deutschen Volke erzählt,
29. **Karl Weiss**, Friedrich der Große. Zum 200. Geburtstag,
30. **"Die Kunstwelt",** Januar 1912, Heft 4, mit folgenden Beiträgen: Georg Voss, Friedrich der Große und die Kunst, Otto March (!), Friedrich der Große im Städtebau, Grieninger, Friedrich der Große und die Berliner Porzellan-Manufaktur,
31. **Eugen Weimann**, Friedrich der Große. Ein schlichtes Bild seines Werdens und seiner Größe.

Die Kriegsgeschichtliche Abteilung des Großen Generalstabes veröffentlichte in ihrem groß angelegten Werk "Die Kriege Friedrichs des Großen, Der Siebenjährige Krieg", Band 10, zur Schlacht von Kunersdorf folgendes den damaligen Zeitgeist widerspiegelndes Vorwort:

> "Am 24.Januar d.Js. werden es zweihundert Jahre, seit Preußens Großer König das Licht der Welt erblickte. Ihm war es vorbehalten, das Ansehen und die Macht des kleinen, bisher wenig beachteten preußischen Staats nicht nur in Deutschland, sondern auch vor den europäischen Großmächten mit dem Schwerte in der Hand zur Geltung zu bringen und Preußen einen ebenbürtigen Platz in ihrer Reihe zu erkämpfen. Die Werkzeuge hierzu hatte ihm sein erlauchter Vater in dem vortrefflichen Beamtenstande und dem wohlgeschulten, gut gerüsteten kleinen Heere geschaffen. Es war ein scharf geschliffenes Schwert, diese viel bespöttelte "Potsdamer Wachtparade", mit welcher der König einen Kampf wagte, wie ihn ungleicher die Geschichte kaum je gesehen hat. Wie ein Löwe wehrte er sich die lange Reihe der Jahre hindurch gegen die erdrückende Zahl seiner Feinde, bis einer nach dem anderen ermattet vom Kampfplatze zurücktrat und sich der Frieden von selbst anbahnte.
>
> Mit Staunen sah damals die Welt diesen verzweifelten Kampf, und mit ehrfurchtsvoller Bewunderung blicken die Nachkommen auf ihn zurück. Vor allem die Armee, die der König in diesem heißen Ringen zu Sieg und Ruhm geführt hat und die ihm so unendlich viel verdankt.
>
> Der Zufall hat es gewollt, daß jetzt, wo sich das preußische Volk

rüstet, den 200jährigen Geburtstag des Großen Königs zu feiern, die Geschichtsschreibung des Siebenjährigen Krieges bis zum Höhepunkte des für ihn unglücklichen Jahres gediehen ist, - bis zur Schlacht bei Kunersdorf. Aber gerade jene Augusttage, in denen er, wie Leopold v. Ranke sagt, "die schwersten Augenblicke seines gesamten politischen und militärischen Lebens" durchkämpfte, bilden den bedeutendsten und ergreifenden Zeitabschnitt in diesen jahrelangen Kämpfen, denn damals hing des Weiterbestehen des preußischen Staates nur noch von einer Laune des Schicksals ab. Wohl sind die Kriege Friedrichs des Großen reich an herrlichen Ruhmestaten, wohl zeigen sie seine hervorragenden Eigenschaften als kühner, seiner Zeit weit vorausgeeilter Heerführer im hellsten Lichte; am schönsten und hehrsten aber erscheint die stolze Gestalt des einsamen, nur auf sich allein angewiesenen Königs in diesem schweren Unglück, aus dem nur ein so stählerner Charakter ungebrochen hervorgehen konnte. So glaubt auch die Kriegsgeschichtliche Abteilung das Gedächtnis des Großen Königs in diesen Tagen der dankbaren Erinnerung durch die Veröffentlichung des vorliegenden Bandes "Kunersdorf" würdig zu ehren, wenn er auch nicht von Siegen der preußischen Waffen zu berichten weiß, sondern den König im tiefsten Unglück zeigt."

Im Februar 1947 wird Preußen durch den Kontrollratsbeschluss der alliierten Siegermächte des Zweiten Weltkrieges für aufgelöst erklärt und Schlesien gehört seitdem zu Polen; eine Tatsache, die sich weder Friedrich noch die Polen hätten vorstellen können!

Am 24.Januar 1912 hielt Reinhold Koser - Generaldirektor der Preußischen Staatsarchive - im Weißen Saal des Berliner Stadtschlosses die Festrede, aus der die folgenden Sentenzen stammen:

"Diese Spannkraft eines wuchtigen Willens, diese Geschlossenheit und Straffheit seines ganzen Wesens hat sich dann, wenn er vor großen, nicht den alltäglichen Aufgaben stand, ihm bewährt in dem nie versagenden Mut zum Entschluß, in dem hellen Blick für die Aufspürung und Erfassung des günstigen Zeitpunkts, in dem Augenmaß für das Erreichbare, in dem bisweilen fehlgreifenden, aber immer entschiedenen Urteil über Brauchbarkeit oder Unbrauchbarkeit der zur Auswahl stehenden Mittel, in der Unerschöpflichkeit an aushelfenden, andere und ihn selber oft

überraschenden Eingebungen und Antrieben, mit einem Worte in allen den Eigenschaften, die den großen Mann, den genialen Staatsmann und den genialen Feldherrn ausmachen. Voll aber offenbarte sich die Stärke und Tiefe seiner Seelenkräfte erst im Unglück........
Und scheint er einmal unter der Wucht der Schicksalsschläge zusammenzubrechen, er richtet sich am neuen Tage riesengroß wieder auf und hält sich fest an dem kategorischen Imperativ seiner Königspflichten."

Der vollständige Text dieser Rede ist abgedruckt u. a. in **Reinhold Koser** „Zur preußischen und deutschen Geschichte“ 1921, Seite 110 - 127.

Öffentlicher Höhepunkt war - „Auf Allerhöchsten Befehl“ - die Festvorstellung zur Feier des zweihundertsten Geburtstages weiland Seiner Majestät König Friedrichs des Großen im Königlichen Opernhaus zu Berlin:

"DER GROSSE KÖNIG"

Drei Bilder (Rheinsberg, Hohenfriedberg, Sanssouci) aus seinem Leben von Joseph Lauff[16]. Musik von Weiland Seiner Majestät dem König.

In der Ankündigung dieser Festvorstellung im Königlichen Opernhaus zu Berlin heißt es u.a.:

"Über den größten Teil der Eintrittskarten zu der am 24. d.M. stattfindenden Festvorstellung ist Allerhöchst verfügt. Die für den 2. Rang zum Verkauf gelangten Eintrittskarten sind bereits vergriffen."

Wie sich die Zeiten doch ähneln! Die Gedenkrede des **Bundespräsidenten von Weizsäcker** zum Gedenken an den 200. Todestag Friedrichs des Großen im Schloss Charlottenburg am 16.August 1986 fand auch vor geladenen Gästen statt.

---

16 Joseph von Lauff (1855 - 1933), geboren in Köln, aufgewachsen in Kalkar und als preußischer Major pensionier im 1. Weltkrieg Kriegsberichtserstatter in Belgien, Leibdichter des Kaisers Wilhelm II. den er mehrmals im Doorn besuchte. Vgl. "Nur ein General!" Die Geschichte einer preußischen Legende Friedrich Wilhelm von Seydiitz, 1721 - 2009, Bremen 2009, Seite 125 ff.

Die letzte Szene des Stücks von Lauff lautet wie folgt:

"(Auf der Terrasse des Schlosses Sanssouci)

Der König (erscheint mit Krückstock, von Windspielen begleitet)

(sieht in den Abend hinaus - lange, lange. Dann geht er zum Sessel und drückt sich in die Kissen. Strubsky und Schöning hüllen ihn ein und gehen hierauf mit leisen Schritten der Tiefe zu - Der König malt Zeichen in den Sand - dann legt er den Kopf zurück.). Der Vollmond steht jetzt mit vollem Licht über Sanssouci und wirft lichte Schleier über Friedrichs Gesicht. Mit weitgeöffneten Augen blickt er nach oben[17].

Sphärenmusik

Vorhang."

- Bald werde ich bei dir sein -[18]

Diese Friedrich-Euphorie bewirkte aber auch, dass von 1913 bis 1914 in würdiger Form und gediegener Ausstattung die Werke Friedrichs in zehn Bänden in deutscher Sprache und mit Illustrationen von Menzel erschienen sind: Zum 25jährigen Regierungsjubiläum des deutschen Kaisers Wilhelm II. und in Erinnerung an die 200jährige Geburtstagsfeier des großen Königs.

In der Königlichen Akademie der Künste in Berlin fand von Januar bis März 1912

17 Wohl den bekannten Stichen von Chodowiecki, von Menzel und Henn nachempfunden: Der kranke König auf der Terrasse von Sanssouci.

18 Dieses und die anderen nachfolgenden Bildchen sind Kopien der Stahlstiche in Josef Baders "Friedrich der Große", Bilderbibliothek der neueren deutschen Geschichte, 1. Bändchen, Kunstverlag Karlsruhe, 1846

eine Ausstellung "Friedrich der Große in der Kunst" statt. In den Vorbemerkungen des Ausstellungskatalogs (Seite 7) heißt es:

> "Der Zweck dieser Ausstellung ist: zunächst zu zeigen, wie die Kunst der Zeit Friedrichs II. dessen Persönlichkeit aufgefaßt und dargestellt hat. Es wurden daher alle erreichbaren authentischen Porträts des Königs von seiner frühen Jugend an bis zum Alter in der Ausstellung vereinigt. Neben dem König wurden auch seine nächsten Verwandten und der Kreis seiner vertrauten Freunde berücksichtigt. Aufgabe der Ausstellung war es ferner, zu zeigen, wie die Kunst der auf Friedrich den Großen folgenden Zeiten bis zur Gegenwart sich mit der Erscheinung des großen Königs beschäftigt und den Typus seiner Persönlichkeit in den Werken der Malerei, Plastik und Graphik weitergebildet hat."

Am 23./24.Januar fanden in den Stadttheatern Jena, Kattowitz, Greifswald, Landsberg und Stralsund (Schauspielhaus), am Hoftheater Altenburg, dem Lobetheater Breslau, die ersten Aufführungen der von Friedrich dem Großen geschriebenen Komödie "Die Schule der Welt" in der freien Bühnenbearbeitung von **Erich Oesterheld** statt.

Der Hofprediger **Walter Richter-Reichhelm** erinnerte sich in der Festschrift zum 200. Jubiläum der Hof- und Garnisonkirche in Potsdam im Jahre 1932 an den 200. Geburtstag des Königs (Seite 82):

> "Unvergeßlich aber bleibt vor allem der 200jährige Geburtstag Friedrichs des Großen im Januar 1912, an dem der Feldprobst D. Wölfing am 24. und ich am 28. Januar predigten, ersterer über jes.44: "Wenn sie gleich alle zusammentreten, müssen sie dennoch sich fürchten und zuschanden werden"; und ich über die "drei köstlichen Dinge im Leben des großen Preußenkönigs" ... Hier wirkte der Potsdamer Männergesangverein unvergeßlich mit."

W. Eberhard führt in "Zur Geschichte des Friedrichs-Gymnasiums zu Berlin", auf Seite 17, aus:

> "Es folgten ... der 200jährige Geburtstag Friedrichs des Großen (24.01.1912) ... Es ist begreiflich, daß unsere Schule, die den Namen des großen Königs trägt, seinen Gedenktag mit ganz besonderem Stolz festlich beging."

1912 stellte die Kaiserliche Marine das Linienschiff "Friedrich der Große" in Dienst, das vier Jahre lang Flottenflagschiff war[19].
Die **Große National-Mutterloge** "Zu den drei Weltkugeln" in Berlin gab am 24.Januar 1912 das Heft 2 ihres Bundesblattes mit dem Titel "Friedrich der Große" heraus.
An dieser Stelle sei daran erinnert, dass das erste Haus der Loge "Aux trois Globes" auf Geheiß Friedrichs des Großen am 13.September 1740 gegründet worden war.

Unter dem Titel "Fridericus Rex. Zum 24.Januar 1912" veröffentlichte **Hans Droysen** zwanzig ungedruckte Briefe des Königs an Herzog Karl Wilhelm Ferdinand von Braunschweig, in Berlin bei J.A. Stargardt:

> "Diesen kleinen Privatdruck, der zu Friedrichs des Großen 200. Geburtstage erschienen und niemals in den Handel gelangt ist, stiftete den Teilnehmern an der Jahresversammlung der Gesellschaft der Bibliophilen im November 1931 zu Berlin der Antiquar Georg Ecke."

Der 250. Geburtstag im Jahre 1962 wurde viel stiller begangen. **Hans Dollinger**, Friedrich II. von Preußen. Sein Bild im Wandel der Zeiten, 1986, Seite 201, teilt mit:

> "1962, in dem Jahr, als Friedrichs 250.Geburtstag in Deutschland fast unbeachtet vorüberging, ..."

Im Jahre 1962 wurde **Heinrich Manns** Fragment "Die traurige Geschichte von Friedrich dem Großen" herausgegeben und der *Frankfurter Allgemeinen Zeitung* war es am 20.Januar 1962 wert, einen langen Aufsatz von **Michael Freund** "Ewiger Meteor über deutsche Geschichte. Zum 250. Geburtstag Friedrichs des Großen am 24.Januar" abzudrucken.

Zum 250. Geburtstage veranstaltete die Frankfurter Abendgalerie Heinrich von Sydow-Zirkwitz, Sandgasse 4, eine Ausstellung von Porträtstichen und Kuriositäten. Im - späteren - Klappentext zum prachtvollen Katalog "Friedrich-Stiche" der Friderizianischen Gesellschaft zu Berlin von 1986 heißt es dazu:

> "Den Politikern, die sich nun wieder zur Gestalt Friedrichs des Großen

19 Quelle: Vorträge zur Militärgeschichte, Band 8: Friedrich der Große und das Militärwesen seiner Zeit, Seite 114, Fußnote 3.

äußern, sollte bei aller Freude über ihren Sinneswandel die Beantwortung der Frage nicht erspart bleiben, warum sie bis zur Wiederaufstellung des Reiterstandbildes in Ost-Berlin Jahrzehnte lang in beschämender Sprachlosigkeit verharrten. Als es 1962 galt, sich des Preußenkönigs an seinem 250. Geburtstag zu erinnern, war es allein der Frankfurter Oberbürgermeister Werner Bockelmann, der dem Hause Preußen seine Referenz erwies und dafür sorgte, daß die alliierten Gäste der damaligen Gedächtnisausstellung und die deutschen Friedrich-Verehrer nicht ganz unter sich blieben."

Immerhin sah sich der in Berlin-Lichterfelde geborene Philosoph **Eduard Spranger** ein Jahr vor seinem eigenen Tode veranlasst, seine 1942 der Preußischen Akademie der Wissenschaften vorgelegte Studie über den "Philosophen von Sanssouci" mit einem "Zwischenspiel" und etwas verändertem Schluss noch einmal erscheinen zu lassen.

Interessant und erwähnenswert ist auch die Tatsache, dass **Günter Vogler** in der Zeitschrift für Geschichte (Ost!) - ZfG 10, 1962 - unter der Überschrift "Hohenzollernlegende und militaristische Politik. Die westdeutsche Tagespresse zum 250. Geburtstag Friedrichs II" Stellung bezieht (Seite 1141 - 1150).

Zur 250. Wiederkehr des Geburtstages fand eine Ausstellung im Schloss Charlottenburg unter dem Motto "Meisterwerke aus den Schlössern Friedrichs des Großen" statt. Zu dieser Ausstellung gibt es nur einen vom Berliner Senator für Volksbildung und der Verwaltung der ehemaligen staatlichen Schlösser und Gärten herausgegebenen schmalen Katalog im "Reclam"-Format, dessen Vorwort die um die Rettung des im Zweiten Weltkriege zerstörten Charlottenburger Schlosses so überaus verdienstvolle **Margarete Kühn** geschrieben hat und welches wie folgt eingeleitet wird:

"Das Thema der Ausstellung, die den Auftakt zu den Feiern bilden soll, die aus Anlaß der 250. Wiederkehr des Geburtstages Friedrichs des Großen am 24. Januar im Laufe dieses Jahres in Berlin und anderenorts veranstaltet werden, mag etwas allgemein und unpersönlich klingen. Eine Sammlung von hervorragenden Kunstwerken also, wie sie im Zeitalter des Barock die Schlösser dank des Kunstsinnes ihrer Besitzer zu schmücken pflegten? In Wahrheit jedoch veranschaulicht und dokumentiert sie eine sehr bedeutende schöpferische Kulturleistung von höchst persönlichem Aussagewert. So dürfte sie wohl geeignet sein, die Rückschau auf Leben und Bedeutung dieses großen preußischen Monarchen sinnvoll einzuleiten."

Es ist jedoch auffällig, dass diese Rückschau auf das Leben und die Bedeutung des großen Königs, der immerhin der Große genannt wird, fehlt.

Zum 275. Geburtstag im Jahre 1987 wurde in der Ausgabe der Frankfurter Allgemeinen Zeitung vom 26.Januar 1987 angesprochen, und zwar unter Hinweis auf die Zeitungen in der DDR vom 24. Januar, dass zum ersten Male in der DDR eines Geburtstages Friedrichs des Großen gedacht worden sei. Die Schlagzeilen dieser Gedenkartikel lauten u.a.:

Friedrich II - ein aufgeklärter Monarch –
Aufgeklärter König auf Preußens Thron
Fürsten sollen sich um das Glück aller sorgen - frühe Ideale -

Im SED-Zentralorgan *Neues Deutschland* vom selben Tage schrieb die Historikerin **Ingrid Mittenzwei**, dass dieser König "einige Schritte in eine Richtung tat, die den späteren Durchbruch zu neuen gesellschaftlichen Verhältnissen vorbereiten halfen".

Erwähnenswert ist auch der am 24. Januar in der Görlitzer Zeitung erschienene Artikel "Aufgeklärter König auf Preußens Thron", in welchem es u.a. heißt:

"Doch von Friedrich II führt keine gerade Linie zu Kaiser Wilhelm II oder gar zu Hitler. Treffend schrieb schon Franz Mehring[20]: In Friedrich die Quelle alles Bösen zu sehen, ist der entgegengesetzte Pol der selben Verkehrtheit, die in seiner Person den Quell alles Guten erblickt."

Außer der Reihe sei an dieser Stelle zusätzlich die Goldene Hochzeit Friedrichs mit Elisabeth Christine am 12.Juni 1783 angesprochen. Weitgehend unbekannt dürfte sein, dass Friedrich im aus Holz gezimmerten großen Lustschloss von Salzdahlum, das von den Franzosen zu Beginn des 19. Jahrhunderts abgerissen wurde, Elisabeth Christine von Braunschweig-Bevern heiratete. Salzdahlum ist

20 Vgl. Die Lessing-Legende, Berlin, 1946, Seite45

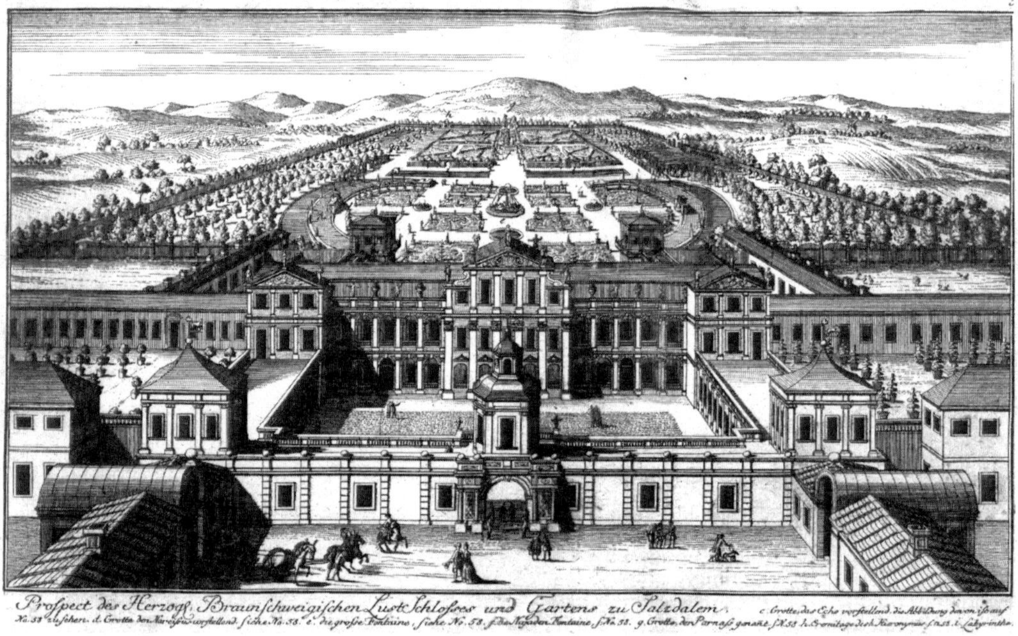

heute ein Ortsteil von Wolfenbüttel. Die Goldene Hochzeit, in den damaligen kriegerischen und aus gesundheitlichen Gründen bei kurzer Lebenserwartung wohl eine Seltenheit, soll in einem wortlosen Diner á´deux begangen worden sein. Friedrich der Große hatte angeordnet, dass die Goldene Hochzeit öffentlich nicht zur Kenntnis genommen werden solle. In Friedrich Wilhelm M. von Hahnkes im Jahre 1848 erschienenen Biografie "Elisabeth Christine, Königin von Preußen", heißt es (Seite 265):

> "Das 50 jährige Ehejubiläum des Königs und der Königin, welches auf den 12.Juni 1783 fiel, wurde bei Hofe und im Lande nicht gefeiert. Die Königin bezog Tags vorher ihr Lustschloß Schönhausen, wohin an demselben Tage die Prinzessin Heinrich ihr folgte. Die von dem Geheimen-Legationsrathe Oelrich auf das 50jährige Ehejubiläum angegebene Medaille wurde nicht ausgeprägt, sondern nur von Daniel Berger in Kupfer gestochen. Dagegen erschien ein sehr schlechter Holzschnitt, die eheliche Wiedereinsegnung des Königs und der Königin darstellend, dessen Verkauf verboten, und welcher daher sehr theuer bezahlt wurde."

Die Goldene Hochzeit am 12. Juni 1783 - wie sie sich das Volk vorstellte - auf einem diesem Tage gewidmeten Holzschnitt.

D. Runde Jahrestage der Königskrönung

Am 29.Mai 1779 veröffentlichte "der Weltweisheit öffentlicher ordentliche Lehrer des Stettiner Königlichen akademischen Gymnasiums", **Johann Wilhelm Hecker**, eine Abhandlung mit dem Titel "Der Selbstherrscher" zu dem 40. Geburtstagsfeste der Preußischen Glückseligkeit unter FRIDERICUS Zepter. Lobend heißt es auf Seite 14:

> "Die Preußischen Staaten können niemals dankbar genug die Glückseligkeit preisen, seit so geraumer Zeit dem Zepter solcher weisen Selbstherrscher unterworfen gewesen zu sein. Die ganze Welt weiß, in wie hohem Grade diese Benennung dem Monarchen zukomme, zu dessen Eintritt in das vierzigste Jahr der glorreichen Regierung wir uns einander Glück wünschen."

Über die Begehung des 50. Jahrestages im Jahre 1790 habe ich keine Angaben gefunden. Dagegen wurde des 100. Jahrestages im Jahre 1840 gedacht.

Schon 1837 veröffentlichte **Johann David Erdmann Preuß** unter dem Titel "Friedrich der Große als Schriftsteller" eine Vorarbeit zu einer echten und vollständigen Ausgabe der Werke Friedrichs "bei Annäherung des großen preußischen Thronjubelfestes" und im Jahre 1840 publizierte derselbe hervorragende Friedrich-Kenner seine Jubelschrift "Friedrich des Großen Jugend und Thronbesteigung."

Friedrich-Denkmal im Park von Schloß Tamsel, Aufnahme des Verfassers im Jahre 2009

1838 kam der Leipziger Verleger Johann Jakob Weber auf den Gedanken, ein Gedenkwerk für Friedrich den Großen zur 100. Wiederkehr der Thronbesteigung zu schaffen. Die Wahl fiel auf **Franz Theodor Kugler** und für die Illustrationen sorgte - ein unglaublicher Glücksfall - **Adolph Menzel**, später dafür geadelt. Kuglers volkstümliches und in vielen Auflagen verbreitetes Buch mit Menzels unsterblichen Zeichnungen "Geschichte Friedrichs des Großen" gelangte - verspätet erst vollendet - erst kurz vor Weihnachten 1842 vollständig auf den Büchermarkt. Eine Gedenkauflage erschien auch zum 150. Todestag des

Königs im Jahre 1936; auch 1986 ist eine Neuauflage verlegt worden.

Dagegen konnte **Rudolf Aefner** rechtzeitig im Jahre 1840 sein Werk über Friedrich den Großen auf den Markt bringen.

Im Mai 1840 veranstaltete **Heinrich Carl von Minutoli** aus Anlass dieses Jubiläums die zweite Auflage seines Buches "Friedrich und Napoleon."
Wilhelm Neindorff gab in Magdeburg im Jahre 1840 einen feinen Bildband zum 100jährigen Jubiläum des Regierungsantritts unter dem Titel "Gedächtnistafeln der glorreichen Regierungsgeschichte Friedrichs des Großen, Königs von Preußen", heraus.
Der Kammergerichts-Assessor **C.M. Wolff** lieferte einen Beitrag zur hundertjährigen Feier der Thronbesteigung mit einer Einleitung unter der Überschrift "Friedrichs des Großen staatsrechtliche Grundsätze."
Theodor Heinsius veröffentlichte "Friedrich der Zweite und sein Jahrhundert, in Bezug auf Sprache und Literatur, Schule und Volksbildung. Eine vaterländische Säcular-Schrift".

Theodor Fontane, Wanderungen durch die Mark Brandenburg, Das Oderland (vgl. Ullstein-Taschenbuch, Seite 368/369) berichtet, dass am 31.Mai 1840 im Park von Schloss Tamsel die Hülle von dem Monumente zu Ehren Friedrichs des Großen (Denkstein, an der Spitze eine vergoldete Viktoria) gefallen sei. Wer sich über die schwärmerische Beziehung des Thronprinzen Friedrich zu der schönen Luise Eleonore von Wreech geborene von Schöning informieren will, dem sei die Lektüre des "Verteidigungswerks" des **Ulrich Graf von Schwerin** "Friedrich der Große und Frau von Wreech. Eine historische Studie mit familiengeschichtlichem Einschlag", Schlieffen-Verlag, 1929, empfohlen.

In einem an die Stadtverordneten-Versammlung gerichteten Schreiben vom 15.Mai 1840 "motivierte" der Berliner Magistrat den Vorschlag, die damals vom **Stadtschulrat Schulz** in Erinnerung an die bevorstehende Jubelfeier der Thronbesteigung des großen Königs für die Jugend verfasste Lebensgeschichte desselben, an sämtliche Kinder Berlins zu bleibendem Andenken unentgeltlich zu verteilen[21]. Bei der Grundsteinlegung des Reiterdenkmals in Berlin wurden

21 Vgl. Sommer, Gedenkbuch, enthaltend: Die Geschichte und Beschreibung des Friedrich-Denkmals in Berlin, Seite 28, Fußnote unten.

"die Schulkinder mit der oben erwähnten Lebensbeschreibung beschenkt"[22].

In den Fest- und Erinnerungsblättern aus Anlass der 75.jährigen Wiederkehr des Enthüllungstages des Rauchschen Reiterdenkmals Friedrichs des Großen in Berlin am 31.Mai 1926 heißt es auf Seite 8:

> "Im Mai 1840 gedachte der hochselige König, wie im Vorgefühl des nahen Scheidens, der Verpflichtung, welche Er gegen seinen großen Ahnen übernommen, und ließ zur Feier der hunderjährigen Wiederkehr des Thronbesteigungstages, vom Krankenlager aus Alles anordnend, durch den Kronprinzen - der jetzt regierenden Königs Majestät - den Grundstein an der bestimmten Stelle legen. Der König konnte nur an einem Fenster Seiner Wohnung der Feier für wenige Augenblicke zusehen". [23]

Anlässlich der Hundertjahrfeier der Thronbesteigung Friedrichs beschloss der Berliner Magistrat am 20.Mai 1840 eine Feier in sämtlichen Schulen, festliche Speisung der Invaliden, Armen und Waisen, ein Festessen der städtischen Beamten, aber auch die Bewilligung von Stipendien an junge Handwerker und vor allem die Anlage eines "Erholungsplatzes ... unter dem Namen "Friedrichshain" nach dem Vorschlag von Peter Joseph Lenne, ... öffentliche Spazierwege, deren Anlage und Vervielfältigung in einer großen Stadt nicht allein des Vergnügens wegen, sondern auch aus Rücksicht auf die Gesundheit dringend empfohlen werden muß"[24].

J.G. Schirmer berichtet von der Festrede bei dem am 31. Mai 1840 zur Säkularfeier der Thronbesteigung Friedrichs auf dem Ludwigsplatze zu Saarbrücken stattgehabten Militär-Gottesdienste.

Ernst Wilhelm Kalisch hielt eine Rede zur hundertjährigen Gedächtnisfeier der Thronbesteigung am 1.Juni 1840 in der Königlichen Realschule Berlin.

Besondere Beachtung verdient die Schrift von **Karl Friedrich Koppen** "Friedrich der Große und seine Widersacher. Eine Jubelschrift, Leipzig, 1840, welche der

22 Ebda: Sommer, aaO. Seite 55.

23 Bei dem kranken König handelte es sich um Friedrich Wilhelm III., der dann am 7.Juni 1840 verstarb.

24 Vgl. Ausstellungskatalog "Friedrich II; und die Kunst", im Neuen Palais, 1986, Seite 61, Teil1.

Verfasser seinem Freunde Karl Heinrich Marx aus Trier widmete. Dort heißt es auf Seite eins:

> "Am 31.Mai des Jahres 1740 bestieg Friedrich II. den preußischen Thron. Die hundertjährige Jubelfeier dieses Tages würde schon an und für sich und unter allen Umständen für jeden Preußen, jeden ehrenhaften Deutschen, jeden Protestanten, jeden Freund und Verehrer des großen Königs und seiner Grundsätze eine heilige Pflicht sein;..."

Georg Samuel Opiz gab ein Jubel-Album mit dem Titel "Friedrich der Große in seinen verschiedenen Beziehungen" in Merseburg heraus.

Johann David Erdmann Preuß erwähnt seinen Vortrag "Die historische Bedeutung des 1.Juni 1840, gehalten bei dem Festmahl der Stadt Berlin zur Feier des hundertjährigen Regierungsantritts des Königs."

Bei Trautwein in Berlin wurde die "Sinfonia", d. h. eine Opern-Ouvertüre im italienischen Stil aus dem Jahre 1743, in Partitur und Klavierbearbeitung als erstes der musikalischen Werke des Königs herausgegeben.

An die Errichtung des Friedrichshains wird in der *HörZu*, Nummer 35 vom 23.August 1991, Seite 117, dadurch erinnert, dass ein Gemälde von **Reinhold W. Timm** über den 1913 errichteten Märchenbrunnen abgebildet wird. Und der Friedrichshain ist, wie die Berliner Morgenpost in ihrer Ausgabe vom 27. März 2005 mitteilt, einen Osterspaziergang des Journalisten Joachim Stoltenberg mit dem Ratsvorsitzenden der Evangelischen Kirche in Deutschland und Bischof von Berlin-Brandenburg-Schlesische Oberlausitz, Wolfgang Huber, wert, und dort heißt es u.a.:

> "Wir schlendern durch den Volkspark Friedrichshain, den anzulegen die Berliner Stadtverordnetenversammlung 1840 anläßlich des 100. Jahrestages der Thronbesteigung Friedrichs des Großen beschloß."

Abschließend sei eine Lobeshymne von **Rulemann Friedrich Eylert** in seinem in Hamburg im Jahre 1840 erschienenen Buch "Leben Friedrichs des Großen. Für den Krieger, Bürger und Landmann" wörtlich aus dem Vorwort zitiert:

> "Kein Mann der neueren Geschichte steht den Herzen des Volkes - und zwar nicht bloß dem Herzen des preußischen, sondern dem des ganzen

deutschen Volkes - näher als gerade Friedrich der Große, der mächtige Koloß, der mit gewaltiger Hand seine Zeit erfaßte, und ihr den Stempel großartiger Lebens-Auffassung in allen Verhältnissen desselben, in jeder Sitte und Denkweise des Volkes aufdrückte."

Im Mai 1940, zum 200. Thronbesteigungs-Feiertag, erschien ein für damalige Verhältnisse groß angelegter, prächtiger Bildband "Das Bildnis Friedrichs des Großen. Zeitgenössische Darstellungen." Das Geleitwort lautet:

"Die ehrfurchtgebietende Gestalt Friedrichs des Großen lebt unvergänglich in der Überlieferung des deutschen Volkes. Der Ruhm seiner kriegerischen Taten und staatsmännischen Leistungen, seiner tapferen Beharrlichkeit und menschlichen Größe auch in der Not und Unglück wird fortdauern, solange es eine deutsche Geschichte gibt und deutsche Herzen sich für heldenhaftes Ringen um Freiheit und Ehre begeistern. Kraftvoll strahlt das Bild des siegreichen großen Preußenkönigs in das gewaltige und erhebende Geschehen unserer Zeit."

Dieses Geleitwort verfasste Generalfeldmarschall **Hermann Göring**, der als einer der Hauptkriegsverbrecher dem Strang durch seinen Gift-Selbstmord entging.

Zum 200. Jahrestag der Thronbesteigung veröffentlichte **Carl Hinrichs** nach teils unveröffentlichten Quellen sein Buch "Der allgegenwärtige König. Friedrich der Große im Kabinett und auf Inspektionsreisen" und er stellt den Quellen eine Abhandlung unter dem Titel "Friedrich der Große - Deutschland und die Westmächte, Betrachtungen zur 200. Wiederkehr des Regierungsantritts des Großen Königs am 31.Mai 1740" voran.

Außerdem erschienen u. a. für Freunde der friderizianischen Epoche eine bibliophil ausgestattete Sammlung "100 kleine Geschichten und Anekdoten" von **Hans Bethge** sowie von **Karla König** eine mich aus naheliegenden Gründen besonders interessierende Abhandlung über "Friedrich der Große und Pommern."

Die 250. Wiederkehr der Thronbesteigung am 31. Mai 1990 fiel in die Zeit zwischen dem Fall der Berliner Mauer und der Wiedervereinigung Deutschlands am 3. Oktober 1990. Während dieser euphorischen, ereignisreichen Wochen und Monate - die deutsche Fußball-Nationalmannschaft wurde zum dritten Male in Italien Weltmeister - wurde dieser historische Tag vernachlässigt. Dennoch geriet er nicht vollends in Vergessenheit. So fanden aus Anlass der Thronbesteigung die 35. Parkfestspiele von Sanssouci vom 15. bis zum 24. Juni mit mehreren dem musikalischen Schaffen des Königs gewidmeten Konzerten statt, beispielsweise am 19. Juni im Raffaelsaal der Orangerie ein Kammerkonzert "Music by Friedrich - Music for Friedrich". Dargeboten wurden Werke des Königs und Sonaten von Quantz.

Am 21. Mai und am 1. Juni 1990 erinnerte die "Märkische Volksstimme" an das historische Ereignis der Thronbesteigung.

Am 31. Mai 1990 wurde im Rahmen eines Festprogramms die jahrelang in einer Scheune des Dorfes verborgen gehaltene Friedrich-Statue um Oderbruch-Ort Letschin, Kreis Seelow, auf ihren Sockel gestellt; allerdings etwa hundert Meter vom ursprünglichen Platz entfernt, wo sich jetzt ein sowjetischer Ehrenfriedhof befindet.

Friedrich der Große - Historische Berliner Motive, Kaiser Porzellan, Wandteller ø 32 cm

Am 26./31. Mai berichteten die *Berliner Morgenpost* und der *Berliner Tagesspiegel,* dass das Ost-Berliner Museum für Deutsche Geschichte im Zeughaus den Thronwechsel zum Anlass genommen habe, eine kleine Kabinettsausstellung zu eröffnen, welche die Persönlichkeit, Herkunft,

Neigungen, Versäumnisse oder Verdienste des Königs ohne weitere Ambitionen - etwa hinsichtlich einer Neubewertung seiner Person - schlaglichtartig beleuchtete.

Die Kaiser-Porzellan-Manufaktur erinnerte mit einem Wandteller (Bildnis nach Anton Graffs Gemälde S.45) an Friedrichs Regierungsantritt.

Für Freunde des Lerchennests e.V. in Steinsfurt bei Heidelberg, von wo der Kronprinz Friedrich Anfang August 1730 nach England fliehen wollte, hielt **Eberhard Cyran** am 31. Mai einen Vortrag mit dem Titel "Vorspiel zur Macht - Der junge Fritz in Rheinsberg"; anschließend wurde im Lerchennest-Museum die Sonderausstellung "Aufbruch zum Rendevous des Ruhmes" eröffnet.

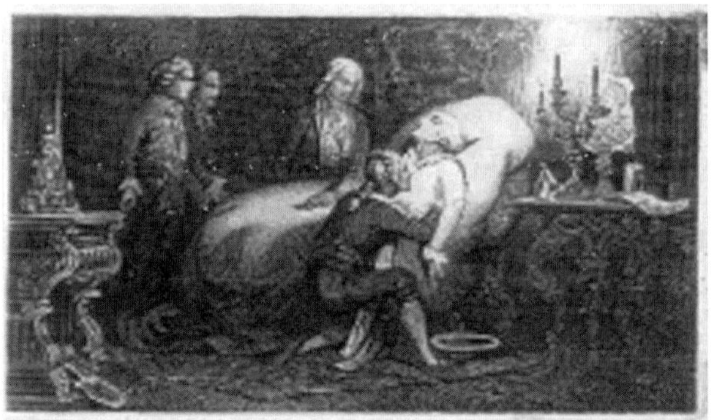

Friedrichs des Großen letzte Worte:
„La montagne est passée. Nous irons mieux."

E. Begehung von runden Todestagen des Königs

Am Sonnabend, dem 19.August 1786, wurde in der Nummer 99 der *Haude- und Spenerschen Zeitung* unter "Berlinische Nachrichten von Staats- und gelehrten Sachen" folgende Todesanzeige veröffentlicht:

> "Am 17ten dieses Monats lief hier von Potsdam die höchstbetrübte Nachricht ein, daß an eben demselben Tage, Morgens um 3 Uhr, der Herr über Leben und Tod unsern erhabnen Beherrscher, Se. Majestät König Friedrich den Zweyten, zu den Belohnungen der Ewigkeit abgerufen habe. Dieser Monarch von so seltner Größe, der mit den Vollkommenheiten des

Menschen alle Tugenden des Regenten verband, und daher während Seines ganzen unvergeßlichen Lebens, welches Er auf 74 Jahre, 6 Monate und 13 Tage gebracht hat, noch mehr aber während Seiner durch Weisheit, Wohlthun und Ruhm für Volk und Nachwelt ausgezeichneten Regierung, worunter Seine Staaten sich 46 Jahre, 2 Monate und 17 Tage glücklich priesen, die Liebe und der Stolz seines treuen Volks und die Bewunderung Seines Zeitalters war, endete an einer langwierigen Brustwassersucht und an Entkräftung Sein glorreiches Leben, unter den gerechten Thränen und Segnungen Seiner Unterthanen, und starb mit dem Gleichmuth und der Gelassenheit eines Weisen."

Im September 2005 habe ich ein in der „Bergmannschen Buchdruckerey" unter den Linden im Jahre 1787 verlegtes Exemplar der "Trauer-Predigt zum Gedächtniß des tödtlichen Hintritts des Allerdurchlauchtigsten, Großmächtigsten Fürsten, und Herrn, Herrn, Friderichs des Zweiten, Königs von Preussen u. s .w." erworben. Diese Predigt wurde in der Friedrichs-Werderschen Kirche, vormittags, den 10.September 1787 von dem reformierten Prediger an der Werderschen und Dorotheenstädtischen Kirche (befand sich an der Mittelstraße, nicht mehr vorhanden), **Johann Heinrich Friderich Ulrich**, zelebriert. Diese von einem Gebet und einem Schluss-Gebet eingerahmte Predigt ist m. E. eine für damalige Verhältnisse als Meisterleistung zu bewerten. Hier einige Passagen daraus:

"Nur dann ist ein Staat glücklich, m.th.Z. wenn Wohlstand und Zufriedenheit in Palläste und Hütten einkehren; wenn innre Sicherheit und Ruhe in seinen Grenzen wohnen; wenn alle Glieder desselben durch weise, ihrer Verfassung angemessene Gesetze zur Ordnung und Ehrbarkeit, zu guten Sitten, und zur Tugend angehalten werden; wenn Güte und Treue sich einander begegnen, wenn Gerechtigkeit und Friede sich küssen; (PS.85,v.11.) wenn Wissenschaften und Künste, wenn nützliche Gewerbe und Handthierungen blühen; wenn Laster und Unrecht ohne Ansehen der Person bestraft, Verdienste belohnt; wenn die Gesetze mit strenger Unparteilichkeit ausgeübt; wenn Aberglaube, Unwissenheit und Vorurtheile verbannt werden; wenn dagegen wahre Frömmigkeit, und ächte Religion alle Stände unter einander verknüpft.

Das hatte sich der verblichene Monarch zum grossen Ziele gesetzt, meine theuresten Zuhörer! Das waren die Grundsätze, nach denen Er seit sechs

und vierzig Jahren Seine Länder und Völker regierte. Mit erhabenen Fähigkeiten versehen, in dem Schooße der Wissenschaften und Künste erzogen, von ihnen geleitet und geführt, mit einem wohlwollenden sanften Herzen begabt, beherrschte Er Sein Reich, und machte es zu einem der blühendsten und glücklichsten Staaten in Europa. [Seite 8 - 9]
... Seit dem Antritt Seiner Regierung bis an das Ende Seines preiswürdigen Lebens, sorgte der liebenswürdige König für die gewissenhafteste Ausübung der von Ihm gegebenen Gesetze, für Recht und Gerechtigkeit. Mit außerordentlicher Billigkeit und der größten Ordnung, werden in Seinen Staaten die Angelegenheiten der Unterthanen in den Gerichtshöfen untersucht. Hohe und Geringe, Prinzen und Bettler, Reiche und Arme, werden da als Menschen betrachtet. Hier schwindet aller Unterschied der Geburt; Hier entscheiden nicht Titel und Stern, nicht Hoheit und Geldsummen, sondern Wahrheit und Unschuld". [Seite 10 - 11]
... Mit wunderbarem Rathe leitete die weise Vorsicht des Herrn diesen ihren Liebling in den vier so merkwürdigen, als wichtigen Kriegen, denen unser vollendeter König beiwohnte. Umsonst versuchten Feinde ohne Zahl, mit ihren Legionen, und der zehnfach grösseren Menge ihrer Heere, Ihn zu stürzen und zu demüthigen; umsonst verbanden und sezten sich viele Fürsten Europens gegen Ihn; umsonst trachtete man nach Seinem Leben. Der Herr war mit Ihm, vereitelte den Rath Seiner Widersacher, und gab Seinen Waffen Sieg. Mollwitz, Leuthen, Zorndorf, Torgau, bei eurem bloßen Namen müsse noch izt die Brust des preussischen Helden und Kriegesmannes klopfen; müsse das Feuer in seinen Adern glühen; müsse sich jeder des Siegers erinnern, der damals mit bewundernswürdiger Tapferkeit Seine Feinde überwältigte. Eben so laute Denkmäler für Friderichs Ruhm waren Seine Bemühungen das Blutvergiessen zu stillen, die Ruhe im Reiche zu erhalten, die Fürsten unter sich zu vereinigen. Er machte ihre Schwerdter zu Pflugschaaren, und ihre Spieße zu Sicheln (Jesaias 2, v.4.). [Seite 12 - 13]
... Bis auf die letzten Stunden Seines erhabenen Lebens blieb Er sich gleich an Größe und Hoheit. Es ist keinem unbekannt, daß Ihn seit einem Jahre eine sehr schmerzhafte Krankheit befiel, deren Angriffe von Monat zu Monat immer heftiger wurden, unter welcher Er endlich erliegen mußte. Mit frohem Sinne, mit Ergebung in den Willen des ewigen Regierers aller Dinge, ertrug Er sie in der größten Geduld. Keines Seiner Geschäfte ward

versäumt, keines ausgesetzt, keines blieb unvollendet. Sein großer Geist schien den wüthenden Anfällen der Krankheit zu trotzen. Mit gleicher Gegenwart des Geistes befahl Er noch izt seinen Helden, und arbeitete in Staatssachen. Sein Herz schlug noch immer für Seine Unterthanen.
... So schwach Er wurde, so unerschrocken blieb Er. Seinen Grundsätzen getreu, litte Er mit der Entschlossenheit des Helden, arbeitete, so lange Er konnte; sähe dem Tode getrost ins Auge, und verschied mit vollem Bewußtseyn Seines Verstandes, ruhig, ohne quälende Gedanken, ...". [Seite 15]

Es mag durchaus sein, dass die Realitäten im damaligen Preußen andere waren als von Ulrich geschildert. Die von ihm beschworenen Grundsätze sind edel und könnten auch gegenwärtig ein modernes Regierungsprogramm schmücken.
Am 10. September 1786 hielt der Bischof von Culm, **Johann Carl Reichsgraf von Hohenzollern**, in der römisch-katholischen Kirche in Berlin, der Sankt Hedwigskirche, eine "Trauer-Rede nach dem Absterben des Allerdurchlauchtigsten, Großmächtigsten Fürsten, Herrn Friderich des Zweyten, König von Preußen", deren Einleitung als Nekrolog eine zeitgemäße "Beweihräucherung" wie ein Panegyrikus ist:

"Was soll ich mitten unter den finstern Trauerschatten, die der Tod über ein ganzes Land gezogen hat, sagen? Friderich der Große, ach! Thränen sollten anstatt der Worte fließen! Friderich, den zu nennen, für uns bishero immer eine Wonne gewesen: Friderich, der tapfere Krieger, der weise Beherrscher, der wegen Gerechtigkeit gepriesene, wegen Wohlthätigkeit geliebte, und wegen Unerschrockenheit des Geistes gefürchtete Fridrich, lebt nicht mehr! Er hat aufgehört, uns zu beglücken:
Er befindet sich nicht mehr unter den Sterblichen. 0 Größe des Verlustes! den Alle fühlen, und welchen die tiefe Trauer des Königlichen Hauses, die aus den Augen getreuer Unterthanen strömenden Thränen, und das in der ganzen Monarchie tönende Wehklagen noch empfindlicher machet. O Europa! Selbst ihr Neider Preußens, müsset ihr nicht gestehen, daß unser Verlust der größte ist, daß der Tod denjenigen geraubt hat, den ihr jederzeit eben so bewundert, als gefürchtet habet? Kommet, die Asche dessen zu verehren, der euch nicht mehr schrecklich ist, und schauet auf Helden, die mit ihm glorreiche Siege erfochten. Bestürzt stehen sie um seine Königliche Leiche: aus ihren, sonst Tapferkeit blitzenden Augen fließen Thränen ...". [Seite 3 und 4]

Demgegenüber behauptet **Kurt Kersten** in der Vorrede zu seinem 1925 erschienenen Buch "Fridericus und sein Volk" auf Seite 6:

> "Friedrich war seinem Volk fremd und verhaßt als er starb."

Honoré Gabriel Riquetti Graf von Mirabeau richtete am 18.August 1786 einen schriftlichen Bericht an den Abbe Perigord, den nachmaligen Talleyrand, in dem es auszugsweise heißt:

> "Der Todesfall ist eingetreten. Friedrich Wilhelm II. herrscht, und einer der größten Charaktere, die je auf dem Throne gesessen haben, ist zerbrochen, mit ihm eine der schönsten Formen, die die Natur je geschaffen hat.
> ... Alles ist düster, niemand traurig, alles ist geschäftig, niemand betrübt. Kein Gesicht, das nicht Aufatmen und Hoffnung verrät; kein Bedauern, kein Seufzer, kein Wort des Lobes. Damit also enden so viele gewonnene Schlachten, so viel Ruhm, eine Regierung von fast einem halben Jahrhundert, erfüllt von so vielen Großtaten! Jedermann wünschte sich ihr Ende herbei, jedermann ist froh darüber.
> ... Nur der General Moellendorf weinte. Während der Vereidigung war er wahrhaft erschüttert. Bei der Ansprache an die Offiziere brach er in Tränen aus. "Ihr habt", sagte er zu ihnen, "den größten König, den ersten Helden verloren, und ich verliere meinen Herrn und, wenn ich so sagen darf, meinen Freund!" Sein trauriger Blick, seine unfreiwilligen Tränen, seine männliche, gerührte Sprache, seine Standhaftigkeit eines verwundeten Helden ließen einige Augen feucht werden, selbst die von fremden Gesandten, denn sie waren sämtlich bei der Vereidigung zugegen, mit Ausnahme des unseren ...".[25]

Daniel Chodowiecki schrieb am 17.August 1786 an die Gräfin Solms[26]:

> "Mit unserem großen König ist es nun zu Ende. Er starb am 17.d.M. abends - verschrieben, soll "morgens" heißen -. Heute hat die Garnison seinem. Nachfolger geschworen. Die ganze Stadt ist wie vor den Kopf geschlagen."

Johann Georg Grieninger, der Direktor der Berliner Porzellan-Manufaktur,

---

25 Zitiert aus Gustav Berthold Volz, Friedrich der Große im Spiegel seiner Zeit, Dritter Band, Seite 254/255.

26 Vgl. Volz, aa0., Seite 253.

schrieb in seinen Aufzeichnungen u.a.:

"... und heute vormittag zwischen 7 und 8 Uhr kam von Potsdam die höchst traurige Nachricht nach Berlin von seinem auf die schmerzhafteste Krankheit an diesem Morgen gegen 3 Uhr erfolgten Tode. Mein Gott! Welche düstere Stille! Überall nichts als Seufzer und Tränen. Und welcher Anblick! So viele unter den Waffen grau gewordene, tapfere Krieger ihren geliebtesten Friedrich, unter dessen Befehlen sie so oft gesieget haben, beweinen sehen. Niemals ist wohl ein König von seinem Heere und von seinem Volke so wehmütig beklaget und betrauert worden. Er war ja auch der Einzige."[27]

In der äußerst seltenen, vergessenen Sammlung seltener, zum Teil noch ungedruckter Gedichte und prosaischer Aufsätze "Empfindungen und Gedanken der Zeitgenossen Friedrichs des Großen an Seinem Sterbetage", Berlin 1821, findet sich die "Trauerrede bei dem Grabe Friedrichs des Großen, Königs von Preußen", verfasst von keinem Geringeren als **Friedrich Freiherr von der Trenck**, der unter dem König - zu Recht oder zu Unrecht, das sei an dieser Stelle dahingestellt - schwer gelitten hat. Dort heißt es auf den Seiten 93-94 und 95-96:

"Friedrich ist todt! - der größte Mann unsrer Zeit, der gekrönte Weltweise, der Lehrer aller Kriegs- und Staats-Schulen, der Mensch, welcher zum höchsten Gipfel möglichst menschlicher Größe klettert, der Gegenstand, für dessen Verdiensten Nachruhm alle Federn wetteifern, alle Pedanten zanken, alle Soldaten den Bart streichen: der Monarch, den Monarchen bewunderten, auch beneideten; der Held, welcher Schlachten und Völker-Glück entschied: der gelehrteste unter den Königen: der liebreichste, der wißbegierigste Fürst im gesellschaftlichen Leben: der fürchterliche Feind mit Waffen: der liebreichste Menschenfreund mit der Feder in der Faust: der ehrwürdigste, am edelsten beschäftigte Greis im Potsdamer Cabinette, der schlaueste Staatsmann, der Vater seines Vaterlandes, der König, welcher viel that, und wenig zu thun glaubte, der mit majestätischer Größe den Tod zu erwarten, gelernt hatte. Friedrich der im innern Werthe wirklich große Friedrich ist todt.

Todter Monarch! Was bist Du nun? Ein aufzulösender lebloser Klumpen im wirbelnden Kreislaufe der Natur. die königliche Herrschermacht ist ein

27 Vgl. Volz, aa0., Seite 254.

Schatten, der zugleich mit dem Körper verschwand, und den Kriegsleuten Deiner späten Enkel wird man zwar noch Bardenlieder von Deinen Siegen vorsingen, aber Friedrichs Ohr kann sie nicht mehr hören ...
Seltsame Erscheinung auf unserer Weltbühne! die Rolle ist aber bereits gespielt, und der Vorhang ist zugezogen. Friedrich liegt im Grabe; - nun ist Er noch ohnmächtiger, als der Trenck war, da er im Magdeburger Kerker gefesselt nach der Gerechtigkeit schmachtete, dennoch aber die Macht des Weltbezwingers auf die standhafte Tugend des verläumdeten guten Staatsbürgers zu vereitlen wußte."

Diese Trauerrede soll Trenck am 22.August 1786 in Wien gehalten haben. Über Friedrich von der Trencks Leben, welches im Juli 1794 in Paris unter der Guillotine endete, gibt es neben seinen Memoiren viele Darstellungen; neuerdings sogar als Fernsehfilm mit dem Schauspieler Ben Becker als Hauptdarsteller. Wissenschaftlich noch heute wertvoll ist das Werk von Gustav Berthold Volz "Friedrich der Große und Trenck. Urkundliche Beiträge zu Trencks Merkwürdiger Lebensgeschichte", Berlin, 1926.

Friedrich Franz Daniel Wadzek, Wahrhafte Beleuchtung der Lebensgeschichte des Freyherrn von der Trenck, wider die Beschuldigungen gegen Friedrich den Großen, Lausanne, d.i. Leipzig, 1787, führt auf Seite 9 und 10 aus:

> "Zwölf Monate sind verflossen, da Preussens großer Friedrich starb! Der Trauerflor wallet nicht mehr: aber noch blutet das Herz - noch fühlt die Seele den Gedanken - Er ist dahin! - Er der Einzige Unerreichbare! die Würde der Menschheit! Das Werk der schöpferischen Allmacht! der starke Held! der Weise! - der Vater der Menschheit! der Beglücker vieler Millionen! der große allumfassende Geist, der eine neue Bahn schuf, und große Schöpfungen dem Chaos entwinkte! Er ist nicht mehr! Aber ewig währe sein Andenken - erlösche nie in unsrer Brust - pflanze sich fort auf die spätesten Generationen!"

Ausführliche und lesenswerte Darstellungen von Zeitgenossen über Friedrichs Lebensende finden sich beispielsweise bei **Johann Georg Ritter von Zimmermanns** "Friedrichs des Großen letzte Tage" und "Ueber Friedrich den Großen und meine Unterredungen mit ihm kurz vor seinem Tode" sowie bei **Preuß**, "Friedrich der Große", Band 4, Seite 174 - 285 und im Buche des spanischen Botschaftsrats **Franzisco Agramonte Y Cortijo** mit dem Titel "Friedrich der Grosse. Die letzten Lebensjahre", Berlin, 1928, welches mit pathetischen Worten eines begeisterungsfähigen Südeuropäers abschließt:

> "Was ihm der Vater hinterließ, hat er gemehrt, und aus dem für die Parade und das Manöver gedrillten Mann, des Königs Korporal, ist durch Friedrichs Werk der deutsche Soldat von später geworden. Diesem bewußten und ruhmvollen Schöpfer des großen deutschen Volks diese kleine Gabe der Huldigung zu bringen, sei einem allem Despotismus abholden, freigesinnten Spanier erlaubt!"

Den unmittelbarsten und sehr detaillierten Eindruck vermittelt aber die schon im Sterbejahr 1786 in Potsdam publizierte Schrift des Feldprobstes Johann Gottfried Kletschke "Lezte Stunden und Leichenbegängnis Friedrichs des Zweiten Königs von Preußen", woraus folgender Auszug stammt (Seite 27 bis 28):

> "Als sich der Leichenzug der Garnison-Kirche näherte gingen die beiden ersten Herrn Prediger, Herr Hofprediger Bamberger, reformierter Seits und der Herr Feldprobst Kletschke, der Leiche entgegen. Die zwölf Unteroffiziers hoben den Sarg vom Wagen. An den Griffen desselben waren 6 große, von weißem Altas verfertigte Tragebänder zur Mitte angeknüpft, so daß an beiden gleich langen Enden, die Herren Hauptleute anfaßen konnten. Der Sarg wurde auf das mit schwarzem Tuche bedeckte, steinerne Fußgestelle des Tauftisches niedergesetzt. Sämtliche Herren Offiziers stellten sich rings um den Sarg herum, der Herr Hofprediger und der Herr Feld-Probst, stellten sich an den Eingang zum Gewölbe, und der Organist Herr Pezold spielte auf gedämpfter Orgel den Choral: dein sind wir, Gott in Ewigkeit mit so vielem Ausdrucke 4 mal, daß sich fast bei allen, die in der Kirche waren, die Empfindungen ihres Herzens in Tränen ergoß. Fast bis zum Schluchzen weinten die, welche am öftersten um den hochseeligen König gewesen waren, und am meisten mit Ihm zu thun gehabt hatten. Wahrhaftig, dies ist das größte Lob, das man dem Charakter irgend eines Menschen machen kann, von denen am mehresten beweint zu werden, die ihn am genauesten gekannt haben. Als die Orgel schwieg, halfen Se.Excellenz der Herr General-Lieutenant von Rohdich, der Herr General-Major von Chaumonté und die Herren Staabs-Offiziere, an den atlaßnen

Tragebändern, den Leichnam auf seine Ruhestätte, dem hochseeligen Könige Friedrich Wilhelm dem ersten zur linken Hand, sezzen. Ein Theil der Herrn Offiziers begab sich alsdann auf das Schloß, wo gespeißt wurde; die übrigen Zuschauer gingen nun in vertraute Gespräche, die den hochseeligen König betrafen, vertieft nach Hause."

Im Jahre 1908 veröffentlichte Karl Schrader alias A.C. Strahl eine Sammlung volkstümlicher Gedichte über Friedrich den Großen. Eines dieser Gedichte mit zehn(!) Strophen heißt "Friedrichs des Zweiten Tod. 17.August 1786." In heldenhaft verklärter, kultischer Art wird gedichtet:

"Er hat's geahnt! Im gleichen Jahr wie Ziethen musst'er scheiden.[28]
Ein Heldenherz entschlummert war, befreit von schweren Leiden.
Sie legten auf sein Feldbett ihn, mit schwarzem Stoff behangen.
Die Uhr stand stille am Kamin, seit Friedrich heimgegangen."

Die 10., 20., 30., 40. und 50. Todestage Friedrichs gingen, soweit meine Informationen reichen, ohne öffentliches Gedenken vorüber. 1796 befinden sich Preußen und Österreich im Krieg gegen das revolutionäre Frankreich. Am

6.August 1806 legte der Deutsche Kaiser Franz II. die Kaiserwürde nieder. Am 14. Oktober 1806 verlor Preußen die Doppelschlacht bei Jena und Auerstedt in Thüringen. Selbst im Historisch-Genealogischen Kalender auf das Gemeinjahr 1826, herausgegeben von der Königlich-Preußischen Kalender-Deputation, die den zweiten Teil "Zur Geschichte von Berlin und Potsdam unter der Regierung des Königs Friedrichs des Zweiten" enthält, wird der 40. Todestag überhaupt nicht erwähnt. Dennoch blieb Friedrich unvergessen, wie die Entstehungsgeschichte seines Reiterdenkmals Unter den Linden in Berlin beweist: Nachdem bereits zu Lebzeiten Friedrichs, vor allem aber mit der Nachricht von seinem Tode, in außerhöfischen Kreisen, der Gedanke aufgetaucht war, ihm ein Denkmal zu setzen, brachte 1791 ein offizieller

28 Zieten war am 26.Januar 1786 verstorben.

Wettbewerbsaufruf eine Fülle plastischer Denkmalsvorschläge. Die zweite Entwurfswelle stammt aus den Jahren 1796/1797. Die höfische Seite schien die Denkmalspläne danach ruhen zu lassen. Erst 1830 beauftragte der preußische König Friedrich Wilhelm III auf eine Eingabe der Stände der Mark Brandenburg und des Markgrafentums Niederlausitz vom 24.Januar 1829, dem Geburtstage des verstorbenen Königs, unter anderen auch Christian Daniel Rauch mit der Anfertigung eines Planes. Der Grundstein wurde am 31.Mai 1840, dem 100. Tage der Thronbesteigung, gelegt. Elf Jahre später, am 31.Mai 1851, wurde das Denkmal enthüllt. Enttäuscht äußerte der Mitbewerber Schadow, dass "sein Ruhm in Rauch aufgegangen sei!"

In jenem Jahr begann übrigens **Thomas Carlyle** mit den Vorarbeiten für sein von 1858 bis 1865 in erster Auflage erschienenes weltberühmtes Werk "History of Frederick II. of Prussia, called Frederick the Great" oder deutsch "Geschichte Friedrichs II: genannt der Große".

Der 100. Todestag im Jahre 1886 - im selben Jahr beging König Ludwig II. von Bayern im Starnberger See Selbstmord - rief erstmals wieder eine Flut von Veröffentlichungen hervor, zum Beispiel:

1. **Eduard Zeller**, Friedrich der Große als Philosoph,
2. **Franz Eyssenhardt**, Friedrich der Große. Denkwürdigkeiten aus seinem Leben nach seinen Schriften, seinem Briefwechsel und den Berichten seiner Zeitgenossen,
3. **Reinold Koser** veröffentlichte im August in der „Deutschen Rundschau" einen Aufsatz mit dem Titel "Die letzten Tage Friedrichs des Großen",
4. **Max Baumgart**, Die Literatur des In- und Auslandes über Friedrich den Großen. Anlässlich des 100. Todestages des großen Königs zusammengestellt,
5. **Adolph Kohut**, Friedrich der Große und die Frauen. Ein Gedenkblatt zum 100jährigen Todestag Friedrichs des Großen.
6. Der Militärexperte **Adalbert von Taysen** verfasste "Die militärische Thätigkeit Friedrichs des Großen während seines letzten Lebensjahres. Dem Andenken des großen Königs bei der 100jährigen Wiederkehr seines Todestages gewidmet."

In der *Berlinischen Zeitung* beschäftigte sich ein Feuilleton mit den "moralischen Eroberungen Friedrichs des Großen" und verfolgte "die Spuren der Verehrung des großen Königs und deren Einwirkung auf die öffentliche Meinung im In- und Ausland."

Die Erinnerungsfeiern des Jahres 1886 weckten erfreulicherweise das Interesse an dem umfangreichen musikalischen Nachlass des Königs. Die Leipziger Verlagsbuchhandlung Breitkopf & Härtel entschloss sich, eine Auswahl der Flötenwerke des Königs nach Einholung der Erlaubnis von Kaiser Wilhelm I. zu publizieren, was dann im März 1889 auch geschah. Es bleibt unverständlich und wirft ein schlechtes Bild auf die Bewahrung des historischen Erbes in Deutschland, dass es der „Da Capo Press Music Reprint Series", General Editor: **Frederick Freedman**, University of California at Los Angeles, vorbehalten blieb, auch die gesamten musikalischen Werke des Königs - unter Einschluss der Breitkopf & Härtel Edition in drei Bänden in New York im Jahre 1967 - dem Publikum zugänglich zu machen.

Anlässlich der 150. Wiederkehr des Todestages im Jahre 1936 veröffentlichte **Carl Hinrichs** unter dem Titel "Der Kronprinzenprozeß, Friedrich und Katte", erstmals Auszüge aus den Untersuchungs- und Kriegsgerichtsakten gegen Kronprinz Friedrich und Katte.

Weiter sind erschienen und erwähnenswert:

1. **Walter Elze**, Friedrich der Große. Geistige Welt. Schicksal. Taten,
2. Karl Pagel, Friedrich, Menschenweg eines Königs in Selbstzeugnissen und zeitgenössischen Berichten,
3. **Gerhard Ritter**, Friedrich der Große. Ein historisches Profil.
   Dieses Standardwerk ist nach Ende des 2. Weltkrieges in seiner 1954 erschienenen 3. Auflage etwas "korrigiert" worden.
   Ritter schrieb zum 150. Todestag auch einen Aufsatz in der Militärwissenschaftlichen Rundschau, 1. Jahrgang, 1936, Seite 558.
4. **Karl Schwarze**, Der Siebenjährige Krieg in der zeitgenössischen Literatur,
5. **Werner Gent**, Die geistige Kultur um Friedrich den Großen,
6. **Konrad Fischer**, Friedrich der Große als Erzieher seines Volkes. Ein Gedenkbuch zum 100. Jahrestage seines Todes 17.August 1786. Mit einem Vorwort von Johann Christion Gottlob Schumann, Trier, 1886,

7. **Hans Thieme**, Das Gesetzbuch Friedrichs des Großen. Zum 150. Jahrestag des Todes Friedrichs des Großen am 17.August 1786, Deutsche Juristen-Zeitung, 1936, 939 - 942,
8. **Conrad Matschoss**, Friedrich der Große in seiner Friedensarbeit. Aus Anlaß des 150.Todestages am 17.August 1936, Deutsches Museum, Abhandlungen und Berichte, illustriert, Berlin, 1936, Einzelheft,
9. **O. Rudert**, Zum 150. Todestag Friedrichs des Großen. Augenzeugen von der Schlacht bei Hochkirch, in: Oberlaussitzer Heimatzeitung 17 (1936), Seite 237,
10. **J. Petzold**, Ein königlicher Dichter und Schriftsteller in: „Völkischer Beobachter“, 1936, 16.August,
11. **Richard Fester** (Hrsg.), Die Instruktionen Friedrichs des Großen für seine Generale von 1747. Mit einer Vorrede von Walter Frank: Dem Schöpfer der neuen deutschen Wehrmacht Adolf Hitler am 150. Todestage Friedrichs des Großen gewidmet vom Reichsinstitut für Geschichte des neuen Deutschlands.

In den Bücherhallen zu Leipzig wurde eine Buchzusammenstellung anlässlich dieses Gedenktages unter dem Titel "Friedrich der Große" veröffentlicht, die acht Seiten umfasst.

Ersttagsblatt Sonderpostwertzeichen 18 + 9 / 1986 aus der Briefmarkensammlung des Autors

Als sich zum 200. Male am 17. August 1986 der Todestag des Königs näherte, war bereits sehr zeitig zu besorgen, dieser Gedenktag werde entsprechend dem herrschenden Zeitgeist in überzogener Weise "vermarktet" werden. Der Historiker

Gerhard A. Knoll (verstorben am 9. November 2009), einer der wenigen profunden Kenner und Forscher zum Leben Friedrichs des Großen, urteilte im Nachhinein zutreffend, dass sich dieser König vorzüglich für Feierreden, militärisches Getue und schnelles Verlagsgeschäft verwursten lasse[29]. Bereits am 24.Januar 1986, dem Geburtstage des Königs, sprach die "Berliner Morgenpost" in einer Zeitungsnotiz vom "Beginn des Fridericus-Jahres". Hierfür gab es seit langem erkennbare Vorzeichen: Seit dem Spätherbst 1985 sind in Bezug auf den herannahenden 200. Todestag zahlreiche Bildbände und Darstellungen des Lebens und des Zeitalters Friedrichs des Großen neu erschienen bzw. neu aufgelegt worden.[30]

Außerdem sind mindestens vier Friedrich-Kalender für das Jahr 1986 aufgelegt worden, unter anderen von der Königlich Preußischen Porzellan-Manufaktur (KPM) und dem Senat von Berlin. Sogar in der Neujahrsansprache am 31. Dezember 1985 des damaligen Regierenden Bürgermeisters von Berlin, Diepgen, durfte Friedrich der Große nicht fehlen!

Des Weiteren sind zahlreiche Vorträge gehalten worden[31].

Es sind in Ost und West viele Ausstellungen eröffnet worden, und zwar:

1. Kupferstichkabinett Berlin vom 27.Februar bis zum 20.April 1986 Lovis Corinths "Fridericus Rex". Der Preußenkönig in Mythos und Geschichte. Mit Führungen und einem Katalog.
2. Zitadelle Spandau vom 25.April bis zum 8.Juni 1986: Friedrich der Große. Der Kampf um Schlesien. Mit einer Dokumentation.
3. Berliner Festspielgalerie vom 19.Juni bis zum 17. August 1986: Friedrich II. Szenen seines Lebens in Zinnfiguren, mit einem Katalog
4. Staatsbibliothek Preußischer Kulturbesitz vom 15.Mai bis zum 26.Juli 1986: Königliche Bücher. Bucheinbände des Hauses Hohenzollern, mit einem Katalog.
5. Staatliches Institut für Musikforschung Preußischer Kulturbesitz, Musikinstrumenten-Museum vom 29.Juni bis zum 31.Oktober 1986:

29 Vgl. Börsenblatt des Deutschen Buchhandels, Frankfurter Ausgabe, Nr.17 vom 28. Februar 1989, Seite A 56.

30 Vgl. die Aufstellung im Anhang.

31 Vgl. die Aufstellung im Anhang.

Die Magie der Flöte. Die Traversflöte und die Musik am Hofe Friedrichs II, mit einem Katalog.

6. Landesmuseum Braunschweig vom 17.August bis zum 16.November 1986: Friedrich der Große und Braunschweig. Aus Haushaltsgründen kein Katalog
7. Friderizianische Gesellschaft zu Berlin vom 17.August bis zum 13.September 1986 in der Galerie Redmann, mit prächtigem Katalog: Friedrich der Große. Graphikausstellung.
8. Neues Palais im Park von Sanssouci vom 19. Juli bis zum 12.Oktober 1986: Friedrich der Große und die Kunst. Der Katalog erschien verspätet.
9. Orangerie '86, Knobelsdorff-Flügel des Schlosses Charlottenburg vom 11. bis zum 28. September 1986. Sonderthema '86: Kunst und Antiquitäten aus der Zeit Friedrichs des Großen (1712 - 1786).
10. Geheimes Staatsarchiv Preußischer Kulturbesitz in Berlin vom 16.August bis zum 2. November 1986 in der Orangerie des Schlosses Charlottenburg mit Katalog: Friedrich der Große.
11. Verwaltung der Staatlichen Schlösser und Gärten Berlin - Staatliche Porzellan-Manufaktur Berlin - KPM - vom 16.August bis zum 2.November 1986 im Knobelsdorff-Flügel des Schlosses Charlottenburg: Von Gotskowsky zur KPM, mit einem Katalog.
12. Bundesamt für Wehrtechnik und Beschaffung, Koblenz, ab April 1986 Ausstellung von Waffen, Uniformen u.a. aus der Zeit Friedrichs des Großen
13. KPM-Filiale in Hamburg ab 29.August 1986 eine Ausstellung "Porzellane aus der Zeit Friedrichs des Großen".
14. Freunde des Lerchennest e.V., Friedrich der Große-Museum, Sinsheim/ Steinsfurt: Friedrich der Große - sein Leben und Werk.
15. Urania Berlin, ab 4. November 1986: Szenen aus dem Leben Friedrichs des Großen, eine Zinnfigurenausstellung.
16. Bank für Handel und Industrie (BHI), Zentrale, Uhlandstraße 1: Friedrich der Große im Münzbildnis seiner Zeit (Goldmünzen) vom 24. November bis zum 12. Dezember 1986.
17. Landesbausparkasse Berlin vom 27. November bis zum 12. Dezember 1986: Preußische Orden und Ehrenzeichen. Preußens Gloria und die Geschichte Friedrichs des Großen werden lebendig.
18. Galerie Pels-Leusden, Villa Grisebach vom 17. Dezember 1986 bis zum 31.

Januar 1987: Friedrich II. von Preußen. Bildnisse und Darstellungen aus dem 18. und 19. Jahrhundert.

19. Staatsbibliothek Preußischer Kulturbesitz vom 7. Februar bis zum 4. April 1987: Zwischen Oder und Riesengebirge. Schlesische Karten aus fünf Jahrhunderten.
20. Historisches Museum, Frankfurt a.M. vom 12. November 1986 bis zum 15. Februar 1987: Friedrich der Große. Sein Bild im Wandel der Zeiten.
21. Minden vom 24. Oktober - 28. November 1986: Getreue Unthertanen. Das preußische Fürstentum Minden zur Zeit Friedrichs des Großen.
22. Universitäts- und Stadtbibliothek Köln vom 18. August bis zum 11. Oktober 1986: Friedrich der Große und seine Zeit.
23. Klaus und Susanne Sommer: "Krefeld unter Friedrich dem Großen" Dokumentation der Ausstellung 1986, Sparkasse Krefeld, 33 Seiten.

An dieser Stelle sei ein Ausspruch von **Hans-Joachim Giersberg** eingefügt, der unter Hinweis auf die Feiern der Todestage des Großen Kurfürsten und Friedrichs des Großen die Vermutung geäußert hat:

> "Aber es scheint Tradition zu werden, daß sich Todestage besser als Geburtstage zum Gedenken eignen."[32]

Es gab - insbesondere im Monat August - zahllose Hörfunk- und Fernsehsendungen, die sich mehr oder minder gekonnt mit der Person des Königs auseinandersetzten oder sie sogar herabwürdigten[33]. Wertvoll waren aber stets die Musikbeiträge.
Schon ab März 1986 beschäftigte sich die deutsche Presse in West und sogar Ost durch Veröffentlichung von Aufsätzen mit dem König und dessen ungewöhnlichem Lebensweg sowie den Auswirkungen seines Handelns auf die Gegenwart[34].
Von den vielen öffentlichen Theater-, Opern- und Musikaufführungen seien hier nur stellvertretend die Aufführung von Heinrich Manns "Die traurige Geschichte von Friedrich dem Großen" im damaligen Ost-Berliner Deutschen Theater, die beeindruckende und liebevolle Inszenierung des "Montezuma" in der Deutschen

---

32 Vgl. den Ausstellungskatalog "Friedrich Wilhelm I. Der Soldatenkönig als Maler," 1990, Seite 3.

33 Vgl. Aufstellungen in der Anlage.

34 Vgl. die Aufstellung in der Anlage.

Oper Berlin, die Konzerte im Rahmen der Berliner Bach-Tage 1986 und die Kurzfilm-Matinee im Zoo-Palast "Anekdoten um den großen König" genannt.[35]

Den "Friedrich-Rummel" belegten vor allem:

1. Zwei LPs in Kassette: Musik aus Sanssouci. Friedrich der Große und Carl Philipp Emanuel Bach.
2. Besichtigungsfahrten des DER vom 27. August bis zum 8. Oktober 1986 zur Ausstellung "Friedrich II: und die Kunst" im Neuen Palais in Potsdam.
3. Je eine Gedenk-Briefmarke - Wert: 80 Pfg. - der Deutschen Bundespost und der Landespostdirektion Berlin, mit Postreklame "Der Alte Fritz und Berlin", Verlosung von 5 Wochenendreisen nach Berlin mit der Preisfrage: In welchem Jahr wurde Friedrich II geboren?
4. Gedenk-Fünfmark-Stück der Deutschen Bundesbank im Herbst 1986.
5. Gedenk-Edition von 25 Zinn-Skulpturen zu Ehren der ruhmreichsten Regimenter des Preußenkönigs, zusammengestellt von der Deutschen Gesellschaft für Heereskunde.
6. Silber- und Goldmedaillen von 59,50 DM und 925,00 DM.
7. "Berliner Morgenpost/KPM" Gedenkteller in limitierter Auflage, Preis: 94,00 DM.
8. Gedenk-Kollektion der KPM zum 200. Todestag ihres Gründers König Friedrich II. am 17. August 1986, 15 Teile zum Preise von 10.542,00 DM; zusätzlich Tassen, Dosen u.a. mit Friedrich-Motiven oder Initialen.
9. Gedenkteller u.ä. verschiedener Hersteller (viel Kitsch).

In dem - wenig durchdachten - Vorwort des Regierenden Bürgermeisters von Berlin in dem bereits genannten Senatskalender heißt es in teils entlarvenden, teils oberflächlichen und teils einen wohl ungewollten "Bumerang-Effekt" auslösenden Sätzen:

> "Gerade die Beschäftigung mit der Art, wie die Späteren mit ihm umgingen, gibt viel her für das Verständnis unserer Geschichte und schärft den Blick für sie. So diente die Feier des zweihundertsten Geburtstages 1912 ... nicht nur dem Gedächtnis Friedrichs des Großen, sondern auch der Selbstdarstellung Kaiser Wilhelms II. und seiner Dynastie. Drei Jahrzehnte später mußte er den nationalsozialistischen Machthabern herhalten als Götze für das Durchhalten in einer für sie aussichtslosen Situation."

35 Vgl. die Aufstellung im Anhang.

Eines ist sicher, Friedrich der Große kann nicht als Ahnherr der bundesdeutschen parlamentarischen Demokratie in Anspruch genommen werden. Wie die vom Regierenden Bürgermeister Diepgen arglos zitierten "Späteren" mit Friedrich dem Großen nach dem Zusammenbruch des Deutschen Reiches im Jahre 1945 umgegangen sind, zeigt die Tatsache auf, dass Friedrichs 250. Geburtstag im Jahre 1962 von politischer Seite fast vergessen worden ist. Oder war damals die Zeit noch nicht reif für angemessene Würdigungen dieses großen Preußen und berühmtesten Berliners, der zusammen mit Voltaire das 18. Jahrhundert in Europa geprägt hat? Kommt der Zeitgeist des Jahres 1962 nicht vielmehr in dem damals in der Bundesrepublik Deutschland veröffentlichten Fragment **Heinrich Manns** "Die traurige Geschichte von Friedrich dem Großen" (Neuauflage 1986) zum Ausdruck oder in dem 1968 erschienenen Buch Rudolf Augsteins "Preußens Friedrich und die Deutschen" (Jubiläumsausgabe 1986)?

Friedrich der Große umgab sich mit hervorragenden Geistesgrößen seines Jahrhunderts. Am meisten Befriedigung gewährte es ihm, dass er den berühmtesten Mann seiner Zeit, Voltaire, zu einem Aufenthalt bei sich bewegen konnte. Am 10. Juli 1750 traf Voltaire in Sanssouci ein.

Man kann sich des Eindrucks nicht erwehren, dass der Senat von Berlin - folgt man dem zitierten Kalender-Vorwort Diepgens - ebenfalls den 200. Todestag des Königs ausnützte, um sich darzustellen und Öffentlichkeitsarbeit zugunsten Berlins und der auftretenden Politiker zu betreiben. Diese Ansicht wird auch von **Klaus Schulz** ausweislich eines Zeitungsberichts im *Rheinischen Merkur* vom 15. August 1986 über die Tagung der Historischen Kommission zu Berlin "Friedrich der Große - Eine Standortsbestimmung nach 200 Jahren" geteilt:

> "Wer in den letzten Wochen angesichts des Medienrummels um den lange umstrittenen Preußenkönig Friedrich II. angesichts der bisweilen schamlosen Anbiederungsversuche unserer um Selbsterhöhung bemühten Politiker wieder einmal die Maßlosigkeit der Deutschen im Umgang mit ihrer Geschichte beklagen mußte, ..."

Schon **Erich Oesterfeld**, "Prolog zur Schule der Welt", klagte anlässlich des 200. Geburtstages Friedrichs im Jahre 1912:

> "Denn die postérité liebt immer die Jubiläen. Dann lassen sie die Vergeßnen wieder auferstehen und machen Elogen und sind aufs Rühmen versessen, ohne sich selber dabei zu vergessen."

1987 erschien aus der Feder des Historikers **Gerhard A. Knoll** ein wohl ironisch gemeinter Beitrag im Antiquariat, Heft 3, im Nachgang zum 200. Todestag des Königs mit der Überschrift "Ob Fridericus wirklich tot ist?". Dabei ging er auf die Literaturproduktion zum Friedrich-Gedenkjahr ein, zählte etwa 70 Titel auf und fuhr fort:

> "Übrigens, 1886 waren es etwa 50. Zum 200. Geburtstag 1912 ungefähr 100, zum 150. Todestag 1936 cirka 80 Titel. 1962 war die Produktion noch viel weniger zahlreich. Das nicht stattgehabte Wunder des Hauses Schicklgruber war noch nicht verwunden." [Unterstreichung durch den Verfasser]

Meine Hoffnung ist, dass die Erinnerung an die historische Gestalt und das Wirken Friedrichs des Großen in absehbarer Zeit eine Besinnung auf preußische Tugenden, die von einem nun wieder aus der Versenkung aufgetauchten Politiker als Briefträger-Tugenden, mit denen man auch ein KZ leiten könne, verspottet wurden, einleiten oder vertiefen werde. **Heinz Burneleit** hat in seiner im Preußenjahr 1981 veröffentlichten Abhandlung "Friedrich der Große. Besinnung auf den Staat" diese Hoffnung so ausgedrückt:

> "Es ist keine Frage: Mit der Wahl Ronald Reagans hat das amerikanische Volk seine Entschlossenheit bekundet, jenen "altmodischen Werten" (Pflicht, Ehre, Vaterland) ihren unverzichtbaren Rang im Denken und Handeln der amerikanischen Nation zurückzugeben. Und wir?"

Wir haben den Politikflüchtling Lafontaine!

Zur Erinnerung: Die Neujahrsansprache des Bundeskanzlers Kohl im Dezember 1986 endete ausdrücklich mit dem so lange verpönten Wort "Vaterland". Am 17. August 1986 legte er in Begleitung des damaligen Ministerpräsidenten von Baden-Württemberg, Lothar Späth, einen Kranz im Namen der Bundesrepublik am Sarg des Königs nieder und genau fünf Jahre später begleitete er den Sarg zur testamentarisch bestimmten Ruhestätte auf der Terrasse von Schloss Sanssouci.

Die Bewertung Friedrichs des Großen änderte sich im Laufe der Zeiten ständig.
Harald von Koenigswald hat in seiner im Jahre 1940 zur 200. Wiederkehr des Krönungstages gehaltenen Rede "Preußisches Vermächtnis" ausgeführt:

> "Aber der Geist, den Friedrich geweckt, der mit ihm so leuchtend und so ruhmvoll in unsere Geschichte eingetreten ist, lebt fort. Er war mit den Heeren, die 1813 und 1815 gegen Frankreich kämpften, um die deutsche Freiheit zu erringen; er war lebendig in denen, die die Einigung des Reiches vollzogen. In allen Zeiten der Not und immer wieder, wenn die Forderung erhoben ist, das Leben neu einzusetzen, um die Zukunft des Vaterlandes neu zu gestalten, wird das Vermächtnis des großen Königs lebendig sein als leuchtendes Beispiel königlicher Weisheit und soldatischer Pflichterfüllung."

Im Vorwort von **Karl Anton Schmid** "Friedrich II. von Preußen, Versuch einer Umwertung" im Jahre 1948 - also nur acht Jahre später - heißt es dagegen:

> "Deshalb ist es in Zeiten der Wende ebenso wichtig, rechte Helden zu wählen als falsche zu zertrümmern und das Wichtigste, an allen ohne Ausnahme den Maßstab der ewigen, unabänderlichen Sittengesetze anzulegen, die für alle gleich verbindlich sind, für Kärrner [Kärner = Karrenführer] wie für Könige. So kannte das Dritte Reich nur ihn als vollendeten Heiligen. An ihm hatte es nichts zu mäkeln, und bis in die letzten Tage klang die Falschlegende von ihm in alle Ohren. Deshalb ist es für Volk und Jugend notwendig, endlich das Friedrichsbild an der Wirklichkeit zu prüfen und zu berichtigen. Friedrich, der Held des Dritten Reiches, war ein völlig amoralischer Charakter. Für ihn waren die Begriffe Gut und Böse durchaus identisch mit Nützlich oder Schädlich und Moral hatte mit Politik nichts zu tun, geschweige denn, daß Ethik sie leitete. [Seite 206]
> Hinter ihr [d.h. der Maske] versteckten sich die grausamen, die dämonischen Züge, die seine Seele erfüllten und die ihn für alle gesund

Empfindenden auf die Dauer unerträglich machten, trotz der Maske des sentimentalen Menschenfreundes oder des sich für das Volk Opfernden. Mit dieser Maske aber hat man zwei Jahrhunderte lang das preußische, dann das deutsche Volk getäuscht und es von einem Blutgange zum anderen vermocht. Das Ergebnis ist unsere jetzige Lage." [Seite 212]

Ernst Moritz Arndt, "Geist der Zeit", urteilte folgendermaßen:

> "Wir Deutschen, wenn wir uns als Volk ansehen, haben uns dieses Königs wenig zu erfreuen gehabt, ja, keiner hat uns so sehr geschadet, nicht bloß scheinbar, sondern wirklich."

Ein vernichtendes Urteil fällte **Heinz Schirmann** in seiner 1948 in Schwerin veröffentlichten Schrift "Fridericus. Legende und Wirklichkeit", Seite 39:

> "Der blutige Mythos vom Fridericus Magnus Imperator Rex ist ein riesengroßer Meilenstein auf dem Wege des Niedergangs unseres Volkes. Er muß zertrümmert werden, wenn wir nicht völlig untergehen wollen."

Der britische Historiker **Christopher Duffy** schreibt in seinem Buch "Friedrich der Große. Ein Soldatenleben" , 1986, Seite 370:

> "Aus verschiedenen Gründen ist dieses Unterfangen - sich ein abgerundetes und beweiskräftiges Bild von Friedrich als Soldat, König und Privatperson zu bilden - wahrscheinlich hoffnungslos."

Zum Nachdenken regt die von **Alfred Ritter von Arneths** Werk "Maria Theresias erste Regierungsjahre, 1745 - 1748, Band 3, 1865, 14. Kapitel, Seite 393, getroffene Feststellung aus österreichischer Sicht an:

> "Was den König von Preußen betrifft, so bewährte sich auch an ihm die unwiderstehliche Wirkung, von welcher in dem Urtheile der Menschen der Erfolg fast immer begleitet ist. Vor dem glänzenden Gelingen seiner kühnen Unternehmung auf Schlesien trat der Abscheu, mit welchem man seine ersten Schritte auf dieser Bahn fast überall betrachtet hatte, nach und nach in den Schatten. Was im Falle des Mißlingens seinem Namen für alle Zukunft zur Schande gereicht hätte, wurde dem glücklichen Vollstrecker jener gewagten Entwürfe gar bald verziehen. Und der kriegerische Lorbeer, mit dem er seine Stirne umgab, verhüllte nach kurzer Zeit schon dem Auge der Menge den häßlichen Makel, welcher seit dem ersten Eindringen des Königs in Schlesien ... an Friedrich haftete."

Meinem langjährigen und verdienstvollen Antiquar Carlos Kühn (verstorben am 3. August 2010) im Antiquariat Carl Wegner in Schöneberg verdanke ich den Erwerb der kleinen Biografie "Friedrich der Große" von **Professor Dr. Paul Haake**, Universitätsprofessor in Berlin, welche im Jahre 1933, also nach der Machtergreifung durch Hitler, folgende auch heute noch ausgewogene Würdigung des Königs vornimmt (Seite 53/54):

> "Wir gedenken seiner mit gemischten, auf- und niedersteigenden Gefühlen. Wir suchen zu verstehen und zu entschuldigen den sich nach Freiheit sehnenden, den Freudenbecher bis zur Hefe auskostenden Jüngling. Wir drücken ein oder beide Augen zu bei dem außenpolitischen Debüt des zur Regierung Gelangten, dem rechtlich nicht einwandfreien Zupacken nach den schlesischen Fürstentümern. Es befremdet uns der kecke Ausspruch: " Wenn es dem Staate nutzt, wollen wir Schelme sein". Schroffheiten und Malicen des Übelgelaunten stoßen uns ab. Wir können seine Menschenverachtung, seine Einstellung zu den Frauen, in erster Linie der Gattin, nicht ganz billigen. Wir nehmen Anstoß an der Überschätzung des Adels, der Unterschätzung des Bürgertums, dem Versanden der Bauernbefreiung, ihrem Stehenbleiben auf halbem Wege. Wir lehnen die absolute Monarchie innerlich ab und den uns wie eine Zwangsjacke anmutenden Polizeistaat. Wir sind nicht einverstanden mit der zu geringen Bewertung unserer zur Höhe antretenden Literatur. Wir vermissen ein kräftiges nationales Empfinden bei dem den Franzosen allzuviel einräumenden König. Aber wir wissen auch, daß wir, wollen wir gerecht sein, nur den Maßstab seiner Zeit und seines Standes an ihn legen dürfen, nicht den eines Deutschen unsrer Tage, eines Vollblutrepublikaners, eines Kommunisten, eines Preußen feindlichen Österreichers oder Partikularisten, eines Pazifisten oder anderer Vertreter von Zukunftsprogrammen des 20. Jahrhunderts. Wer den Besten seiner Zeit genug tat, verdient in die Annalen der Geschichte mit einem positiven Vorzeichen eingetragen zu werden. So auch der Hohenzoller, der alle früheren und alle späteren Sprößlinge seines Geschlechts, alle zur gleichen Zeit lebenden Mitglieder anderer deutscher Dynastien weit überragte, den Immanuel Kant auf kein zu hohes Piedestal stellte, wenn er von dem Jahrhundert Friedrichs sprach. Er war trotz allem, was wir an ihm auszusetzen haben, die glänzendste Herrschergestalt des Zeitalters der Aufklärung und des Absolutismus, ein leuchtendes Vorbild für seine

Standesgenossen und in seiner Pflichttreue für uns alle, ein strahlendes Beispiel des Triumphs männlicher Energie über körperliche Gebrechen, ein Preuße durch und durch und doch auch in seinem unablässigen Suchen und Ringen auf Aufwärtsstreben ein großer deutscher Mensch."

Diese in damaliger Zeit mutige und tiefschürfende Analyse des Königs muss man insbesondere auf dem Hintergrund sehen, dass das kritische Werk **Werner Hegemanns** "FRIDERICUS oder das Königsopfer" am 10. Mai 1933 mit dem Rufe "Gegen Verfälschung unserer Geschichte und Herabwürdigung ihrer großen Gestalten, für Ehrfurcht vor unserer Vergangenheit!" auf dem Opernplatze in Berlin den Flammen übergeben worden ist.

In ihrer erstmals im Jahre 1980 auch in der alten Bundesrepublik Deutschland veröffentlichten Biografie "Friedrich II. von Preußen" meint die DDR-Historikerin **Ingrid Mittenzwei** zunächst[36]:

> "Es hängt sicher mit dem gegenwärtig allgemein zu beobachtenden Rechtsruck in der BRD zusammen ... wenn man die Gestalt des Preußenkönigs von allzu kritischer Betrachtung reinigt und erneut auf den Sockel hebt."

Eigenartigerweise kehrte kurze Zeit danach das Reiterdenkmal des Königs aus seinem Asyl im Hippodrom des Parks von Sanssouci auf seinen angestammten Platz Unter den Linden in Ost-Berlin zurück und der massenhafte Publikumszuspruch für die Friedrich-Ausstellung 1986 im Neuen Palais zeigte, dass wohl auch in der DDR dieser "Ruck" vorhanden gewesen ist. So wird in der Komödie "Die Preußen kommen" von **Claus Hammel** im Maxim-Gorki-Theater in Ost-Berlin die "Preußen-Renaissance" aufs Korn genommen. Hammel beschreibt die Verrenkungen einer SED-Professorin (siehe oben), die eine Dissertation über den "Wegbereiter der Eroberungsstrategie des deutschen Imperialismus" anfertigte und welche nun das Kunststück vollführen soll, Friedrich II. wieder salonfähig zu machen. Dadurch wird der Alte Fritz selbst so verwirrt, dass er "den Antrag auf zeitweilige Beurlaubung von seiner gegenwärtigen Staatsbürgerschaft stellt."
Die 3. überarbeitete, im Jahre 1983 erschienene Auflage dieser Friedrich-Biografie (Seite 233f) enthält den oben zitierten Passus nicht mehr und postuliert

36 Vgl. die Schlussbetrachtungen, Seite 211.

sogar (Seite 234), dass "die preussische Geschichte - daran könne kein Zweifel bestehen - zum "Erbteil" der beiden deutschen Staaten gehöre ...".

Der DDR-Historiker **Heinz Kathe**, der eine in mehreren Auflagen in der DDR publizierte Biografie über Friedrichs Vater, den sogenannten Soldatenkönig, Friedrich Wilhelm I., geschrieben hat, führte in einem zum 200. Todestag Friedrichs des Großen verfassten Zeitungsartikel u. a. aus:

> "Bei der erneuten Befragung der geschichtlichen Rolle Preußens und des bedeutendsten Repräsentanten seiner Dynastie, Friedrich II., der vor nahezu 200 Jahren, am 17. August 1786 starb, geht es ebenfalls darum, Widersprüchlichkeiten gerecht zu werden. Dem Marxismus-Leninismus ist Sektierertum fremd; Marx und Engels selbst haben Muster für eine differenzierte Einschätzung der Leistungen herrschender Ausbeuterklassen und ihrer Vertreter geliefert. Die Bestimmung des historischen Erbes beruht auf den gesicherten Klassenpositionen des marxistischen Geschichtsbildes. Dazu gehört die Grundeinschätzung, daß der Preußenkönig Friedrich II. ein Repräsentant spätfeudal-absolutistischer Politik im Interesse der reaktionären Adelsklasse war. Die Forschungen der letzten Jahrzehnte haben diese Aussage erhärtet. Zugleich sind die positiven Leistungen Friedrichs auf einigen Gebieten genauer herausgebildet und schärfer sichtbar gemacht worden."

Ich habe diese in der neueren Literatur über Friedrich den Großen kaum beachteten bzw. verschütteten Würdigungen bzw. Herabwürdigungen aus unterschiedlichen Blickwinkeln und aus unterschiedlichen Zeiten zitiert, um einsichtig zu machen, dass der einzigartigen Persönlichkeit dieses Monarchen und seines schweren Lebensweges nicht in Kalender-Vorworten oder unbedachten, leichtfertigen Festreden Gerechtigkeit widerfahren kann. Nicht ganz zu Unrecht meint **Wolfgang Venohr** in seinem populär-wissenschaftlichen Werk "Fridericus Rex" auf Seite 391:

> "Kaum jemals hat ein Mann soviel Lobpreisung und Verdammung erfahren; in ständigem Wechsel von Generation zu Generation."

Im Endergebnis haben sich die beinahe prophetischen Worte des berühmtesten Arztes des 18. Jahrhunderts, des Schweizers **Ritter von Zimmermann**, welcher bekanntlich auch den König behandelt hat, bewahrheitet:

> "Bey Menschen, deren Ahnväter noch nicht gebohren sind, in den entferntesten Zeiten, in jedem künftigen Jahrhundert, ist Friedrichs Leben, Regierung und Charakter, gewiß noch immer ein Gegenstand der Neugier und der Nachforschung. Nie wird man bey der Betrachtung dieses grossen Mannes ermüden; keine Revolution des achtzehnten Jahrhunderts, so groß sie auch in irgend einem Lande seyn mag, wird sein Andenken schwächen."[37]

Voller Bewunderung und Rührung schließt Ritter von Zimmermann sein umstrittenes Werk "Ueber Friedrich den Grossen und meine Unterredungen mit Ihm kurz vor seinem Tode, Leipzig, 1788, Seite 249f, ab:

> "Weichgeschaffene und erhabene Seele; Wunder des achtzehnten Jahrhunderts; Weltweiser; Gesezgeber; Held und Ueberwinder; König von dem niemals keine Zeit schweigen wird; von dessen Namen sie schon itz die Mischung weggenommen hat, womit Neid und Bosheit, das reine Gold der wahren Grosse verfälschen: deine sterbliche Hülle dort in Potsdam, ist nicht das Einzige, das von Dir bleibt! - In den Wohnungen der Unsterblichen, bist Du itz bey deinem Marcus Aurelius. Und ich, indem ich diese Blätter in die Welt fliegen lasse, streue zwar damit, das geringste von allen Blümchen auf dein Grab; aber in mir bleibt doch auch unsterblich, das Andenken an Dich - und der sanfte zärtliche Klang deiner lezten Worte: Zimmerman, souvenés-vous du bon Vieillard que vous aves vû ici!"

Zu Beginn des 95. Kapitels seiner Friedrich-Biografie nimmt **Asprey** (aaO.) im Hinblick auf die am Ende des Siebenjährigen Krieges in Preußen vorhandenen riesigen Zerstörungen, Verwüstungen und enormen Verlusten an Menschen und Tieren eine Würdigung der Leistungen Friedrichs des Großen vor, die bisher meines Erachtens nirgendwo zutreffender formuliert worden ist:

> "The man who was to put this right was fifty-one years old, an advanced age for the day - a particularly advanced age, considering his health. He had spent seven years building, maintaining, and commanding field armies in extremely challenging and active campaigns. He had ridden thousands of miles, on horseback and in spinesplitting carriages, over primitive roads an mountain trails - long, hard journeys often made in

37 Zitiert aus "Fragmente über Friedrich den Grossen zur Geschichte seines Lebens, seiner Regierung, und seines Charakters,"1790, Band I, Seite 2.

wet, cold, and often freezing weather. He had eaten ordinary rations and slept in ordinary billets or on the bare ground. For years his supper had consisted of a cup of chocolate. He had endured severe personal losses - mother, sister, brother, friends, generals, officers and men - a prolonged obituary that darkened already shadowed emotions to leave him nearly alone in loneliness. He had conducted seven campaigns and had personally commanded thousands of men in ten major battles and scores of lesser actions. The blood of thousands covered his being; he had been wounded several times, had felt numerous horses sink beneath him. He had withstood pressure (if on occasion bending to defeat) unknown to most men.

The experience, unique in many ways, valuable in some, was scarcely salutary to an already precarious constitution. Evil humors frolicked through the thick, bent body. Demon gout time and again assaulted arms, knees, hands, fingers, legs, toes; on occasion he could neither walk nor write for the agony. Painful hemorrhoids continued to swell and rupture. Colic frequently bent him in cramp; fever bathed him in sweat and froze him in chill. Teeth hat rotted, split, and fallen out - so many that he had difficulty playing his beloved flute. Depression often turned his thoughts to suicide. Less than a month before Minister Ewald von Hertzberg scrawled his signature on the Treaty of Hubertusburg, Frederick hat written to Prince Henry, in what probably were honest words "I am growing old, my dear brother; in a short time I shall be useless to the world and a burden to myself."

This was the man who now faced a task that had defied even his great-grandfather the Great Elector."

Der schlichte Sarg Friedrichs des Großen befand sich bis zum 16. August 1991 auf der Hohenzollernburg bei Hechingen, wohin er über einen Bergwerksstollen in Bernterode und eine kurze Rast in der Elisabethkirche von Marburg vor der im Frühjahr 1945 auf Potsdam vorrückenden Roten Armee gekommen war. Auf dem Wege dorthin soll der Sarg von britischen oder amerikanischen Soldaten aufgebrochen und der auf dem Uniformrock befindliche Schwarze Adler-Orden entwendet worden sein.[38]

38 Vgl. Willi Kollo "Der Krieg geht morgen weiter", 1970, Seite 6f

Seither ruht der König in der von ihm testamentarisch bestimmten und von ihm angelegten Gruft auf der Terrasse von Schloss Sanssouci:

"QUAND JE SERAI LA, JE SERAI SANSSOUCI“

Friedrich der Große wurde endgültig durch die am 16. August 1986 im Schloss Charlottenburg gehaltene Festrede des damaligen Bundespräsidenten der Bundesrepublik Deutschland, **Dr. Richard von Weizsäcker**, von dem in einigen Kreisen fortdauernden Makel einer Unperson befreit und kam zu der ihm verdientermaßen gebührenden Gesamtwürdigung. Der Schlusssatz dieser Festrede lautet:

"Friedrich der Große war und bleibt eine der staunenswerten, überragenden Gestalten der deutschen Geschichte."

Der 300. Geburtstag des Königs wirft - wie bereits auf den Seiten 4 und 5 erörtert - einen noch größeren Schatten voraus. Nach einer Meldung des *Tagesspiegels* vom 20. Januar 2007 sind mit Konferenzen und Restaurationsarbeiten die Vorbereitungen für den 300. Geburtstag durch die Stiftung Preußischer Schlösser und Gärten begonnen worden.

Am 28. Januar 2007 berichtete der *Tagesspiegel* (Seite R 6) u.a.

"Auch das davon nicht weit entfernte Neue Palais erscheint bei entsprechendem Sonnenschein buchstäblich in einem neuen Licht. Das große Schloss, einer der spektakulärsten herrschaftlichen Bauten aus der zweiten Hälfte des 18. Jahrhunderts, steht meistens zu Unrecht im Schatten des Schlosses Sanssouci. Noch kann zwar nur ein Bruchteil der rund 300 Zimmer besichtigt werden, aber spätestens 2012 sollen große Teile der ehemaligen Fürstenwohnung restauriert sein. In jenem Jahr feiert die Schlösserstiftung den 300. Geburtstag Friedrichs des Großen. Die Veranstaltungen sollen nicht zuletzt mit dem nach wie vor verbreiteten Mythos aufräumen, König Friedrich II. habe nur in Rheinsberg und im Schloss Sanssouci glückliche Stunden verbracht. Auch im Neuen Palais fühlte er sich wohl. Da hier die Zentralheizung aber erst viel später eingebaut wurde, hat sich der "Alte Fritz" gewiss auch hier in einer Sänfte durch die langen Flure tragen lassen".

Am 13. Februar 2007 berichtete dieselbe Zeitung mit einem Foto, dass nach jahrelanger Restaurierung gestern vier Skulpturen zum Neuen Palais zurückgekehrt seien. Die 3,20 m hohen Kunstwerke aus Sandstein würden Figuren aus der griechischen Mythologie darstellen: Gott Apollo, einen Krieger und zwei Frauen. Die restlichen 73 Figuren sollten bis 2012 gereinigt werden, dem 300. Geburtstag des ehemaligen Schlossherrn, Friedrichs des Großen.

Unter dem Farbbild des Neuen Palais heißt es beim *Tagesspiegel* am 13. September:

> „Außen hui, innen pfui. Die Fassade des Neuen Palais im Park von Sanssouci wurde bereits in den neunziger Jahren erneuert. Jetzt beginnt auch die Renovierung der Innenräume ... Bis zum 300. Geburtstag Friedrichs des Großen im Jahre 2012 sollen die meisten Zimmer jedoch wieder begehbar sein. Eine Komplettsanierung des Palais würde 126 Millionen Euro kosten".

In einem Bericht der Journalistin **Bettina Mittelstrass** im *Tagesspiegel* vom 27. Dezember 2007, in welchem der Soldatenkönig und Vater Friedrichs des Großen mehrmals als Friedrich Wilhelm II. bezeichnet wurde, heißt es in der Überschrift des Tagesspiegels: Der echte Fritz. Sensibler Schöngeist? Historiker suchen nach dem wahren Friedrich II. - jenseits der Legenden.
Im nachfolgenden Text wird u.a. ausgeführt:

> „Wenn im Jahr 2012 der 300. Geburtstag des berühmten Friedrich in Schloss Sanssouci und dem Neuen Palais gefeiert wird, will man seine Geschichten wieder erzählen, aber diesmal anders. Schluss mit den Legenden, keine alten Zöpfe mehr, sagt Jürgen Luh von der Stiftung Preußische Schlösser und Gärten Berlin-Brandenburg. Wenn die alten Bestände für kommende Ausstellungen durchgesehen werden, will man wissenschaftlich auf der Höhe der Zeit sein, um dem Publikum möglichst neue, auf jeden Fall aber differenzierte und gesicherte Erkenntnisse vermitteln zu können. Friedrichs Wirkungsgeschichte außen vor zu lassen, um zu so etwas wie der "eigentlichen Person" des Königs vorzudringen, ist kein leichtes Unterfangen. Es genüge nicht, wie in älteren Biografien geschehen, Friedrichs philosophische Schriften inhaltlich zu analysieren, meint der Rostocker Historiker Andreas Pecar. Nimmt man den König in seinen Schriften zu ernst, entfernt man sich Pecars Ansicht nach erst recht vom ihm. Denn Friedrich, so Pecar, habe an der Inszenierung seiner

selbst schon zu Lebzeiten fleißig mitgeschrieben. Ein frühes Beispiel ist der "Antimachiavell". Diese in Rheinsberg, noch vor Friedrichs Regierungszeit geschriebene politische Schrift, in der sich der Thronanwärter für eine von den friedlichen Ideen der Aufklärung geleitete Herrschaft ausspricht, hält der Historiker Pecar nicht zuletzt für eine kluge Imagekampagne ...
Nicht nur seine politischen Schriften, auch seine Gedichte sprechen bei anderer Betrachtung nicht eindeutig für das Bild eines sensiblen Mannes, der hier ausdrückt, was ihn im Innersten bewegt. Wenn Friedrich II. zu Tod, Vergänglichkeit, Ehre und Ruhm dichtete, bewegte er sich mit diesen Themen in der Tradition der Gattung schlechthin. Wenn es bei ihm heißt, der wahre Ruhm liege im Wissen des Philosophen, dann, sagt Andreas Pecar, "haben wir hier nicht den Friedrich vor uns, der das glaubt, sondern wir haben einen Topos, wie er in der aufgeklärten Zeit gang und gäbe war". Der König wußte Worte sehr zielgerichtet einzusetzen. Diese Sichtweise bedeutet auch, dass man schon dem jungen Kronprinzen Friedrich mehr politisches Kalkül zutrauen sollte, als es die üblicherweise kursierenden Vorstellungen erlauben. Vor allem die Geschichte um die Hinrichtung seines Jugendfreundes Hans Hermann von Katte durch Friedrichs Vater Friedrich Wilhelm II.(!) trägt heute noch viel dazu bei, den Thronanwärter als gepeinigten Schöngeist zu betrachten, dessen Seele der Vater auf brutale Weise hart geschliffen hat".

Insbesondere die vorstehend zitierten Äußerungen und Wertungen des in einschlägigen Fachkreisen bislang unbekannten Historikers **Pecar** lassen ernsthaft befürchten, dass das Jubiläum erneut und in überzogener Weise zur Demontage des großen Königs benutzt werden soll. Pecar unterschlägt, wie in diesem Buch dargelegt, wie sich das Bild und die Würdigung des Königs vor allem im letzten Jahrhundert in einem ständigen Auf und Ab verändert haben. Anscheinend sind beispielsweise auch die richtungsweisenden Biografien von **Theodor Schieder** "Friedrich der Große. Ein Königtum der Widersprüche" (1983) und von **Johannes Kunisch** "Friedrich der Große. Der König und seine Zeit" (2004) nicht geläufig, in denen doch ein auf neuesten Forschungsergebnissen beruhendes und sehr differenziertes Bild des Preußenkönigs gezeichnet wird.

Im Feuilleton in *Der Welt* vom 25. September 2009 machte **Sven Felix Kellerhof** in seinem Aufsatz darauf aufmerksam, dass vom 25. bis 27. September dieses

Jahres zwei Tagungen sich mit der Frage beschäftigen würden, was Friedrich II. zum "Großen" gemacht habe; hier einige Auszüge:

> "In Potsdam treffen sich auf Initiative der Stiftung Preußische Schlösser und Garten (SPSG) europäische Experten, um über "historische Größe" zu diskutieren, während die Gerda-Henkel- und die Fritz-Thyssen-Stiftung über 40 Historiker aus sieben Ländern in das deutsch-italienische Kulturzentrum Villa Vigoni am Corner See in Norditalien eingeladen haben, um die Rolle des aufgeklärten Königs im Europa seiner Zeit zu beraten …
>
> Viele Mythen haben sich wie Patina abgelagert auf dem Bild des Königs in den mehr als zweieinhalb Jahrhunderten der Friedrich-Rezeption. Doch entsprach der König weder dem Bild des harten, aber gerechten Landesvaters noch dem des militärischen Genies, als das Goebbels und Hitler ihn missbrauchten. Er war, aller Weisheit und Bildung zum Trotz, kein "Philosoph auf dem Thron", wie ihn sich einst Platon und mit dem Blick auf Friedrich sein Freund Voltaire erträumt hatten, und ist vor allem heute kein Maßstab politischen Handelns für Gegenwart und Zukunft …
>
> Auf diesem Fundament können die Vorbereitungen für 2012 aufbauen. Die beiden Tagungen in Potsdam und am Corner See signalisieren zwei Richtungen, in die das geläufige Friedrich-Bild erweitert werden sollte. Die SPSG interessiert unter dem allerdings etwas unglücklich gewählten Schlagwort "Friederisiko" der Hang zur Verwegenheit beim Preußenkönig, der seine Herrschaft mehr als einmal an den Rand des Abgrunds führte. Friedrich agierte politisch eben gerade nicht nachhaltig, nicht auf die Zukunft gerichtet, sondern ganz im Hier und Jetzt. Der Fortgang seiner Dynastie interessierte ihn kaum, sehr dagegen der eigene Nachruhm: "Seine große Leistung, und dafür ist er in meinen Augen auch der Große, ist, dass er es wie kein anderer geschafft hat, das Bild, das sich die Nachwelt von ihm gemacht hat, selbst zu bestimmen", sagt der SPSG-Historiker Jürgen Luh."

Immerhin ist beruhigend, dass nach Kellerhof die zwei Tagungen nicht an Friedrichs Attribut "der Große" kratzen wollten.

In seinem im März 2009 in Berlin erschienenen Werk "Die Deutschen und ihre Mythen" (Rowohlt) gibt **Gerfried Münkler** eine lesenswerte und kenntnisreiche

Abhandlung über den Mythos, den Friedrich der Große seit seinem Tode und noch bis in die letzten Tage des Zweiten Weltkriegs gewonnen hatte.[39]

Unter der Balken-Überschrift "1000 Tage vor dem 300.: " Alter Fritz" ein Unbekannter" veröffentlichte die *Berliner Morgenpost* am 30. April 2009 das Ergebnis einer repräsentativen Umfrage der Stiftung Preußische Schlösser und Gärten, wonach zwei von drei Deutschen nichts mit Friedrich II. von Preußen anfangen könnten. Nur 32 Prozent hätten angegeben, dass es sich bei Friedrich dem Großen um den "Alten Fritz" handle, während jeder Fünfte gemeint habe, Friedrich der Große sei ein Kaiser, etwa Barbarossa, gewesen. In diesem Zeitungsartikel wird u.a. mitgeteilt, anlässlich des Geburtstages des Königs seien Ausstellungen im und um das Neue Palais im Park von Sanssouci geplant unter dem Leitmotiv "Friederisiko" und man werde verschiedene Projekte und Forschungen zu Friedrich II. vorstellen. Man beabsichtige, so der Generaldirektor der Stiftung Dorgerloh, Friedrich den Großen "als Figur der deutschen Geschichte zu hinterfragen." Hoffentlich wird dieser tendenziöse Plan nicht zu einer preußenfeindlichen Verfälschung führen; denn das Leitmotiv "Friederisiko" lässt populistische Negativurteile vermuten.

Anfang 2010 publizierte die Stiftung Preußische Schlösser und Gärten Berlin-Brandenburg ein auf 500 Exemplare limitiertes Werk "Ein Quart Geschichte. Die Rettung der Preußischen Schlösser und Gärten im von Friedrich dem Großen bevorzugten handlichen Quart-Format (22,5 cm X 28,5 cm). Im Geleitwort des Generaldirektors Prof. Dr. Hartmut Dorgerloh wird ausgeführt:

> "Und wir lassen den charismatischen Preußenkönig in den Kapitelüberschriften selbst zu Wort kommen, dessen Geburtstag sich im Jahr 2012 zum 300. Mal jährt. Bis zu den großen Jubiläumsfeierlichkeiten, die unter dem Motto "Friederisiko" stehen werden, sieht der Masterplan bereits einige erfolgreich abgeschlossene Sanierungsmaßnahmen vor. So sollen zum Beispiel Teile des prächtigen Neuen Palais und die gegenüberliegende Kolonnade fertiggestellt sein."

Am Sonntag, dem 24. Januar dieses Jahres, hielt der namhafte Preußen-Historiker **Prof. Wolfgang Neugebauer** im Nikolaisaal in Potsdam einen

---

39 Vgl. die Seiten 233 bis 254.

kenntnisreichen Festvortrag zum 298. Geburtstag des Königs, in welchem er spannende Facetten der Wahrnehmung des berühmten Königs beleuchtete. Am - bitterkalten - Nachmittag desselben Tages wurde - unter dem Titel "Ein Kammerherr Friedrichs des Großen erzählt" - eine Scenische Sonderführung mit dem Marquis d'Argens zum 298. Geburtstag des Königs mit anschließendem Glühweinumtrunk im Schloss Sanssouci veranstaltet.

> "Am 17. Juni 2010 veröffentlichte die ‚Berliner Morgenpost' ein Farbfoto, auf dem der Direktor der Stiftung Preußische Schlösser und Gärten, Hartmut Dorgerloh, und [der ehemalige, B.H.] Bundesverteidigungsminister Karl Theodor zu Guttenberg* vor dem Charlottenburger Schloss und einem blauen übermannshohen Schriftzug "Friederisiko" zu sehen sind. Im Text heißt es:
> "Friederisiko" setzt sich aus dem Vornamen Friedrichs II von Preußen und dem Leitmotiv "Risiko" einer Schau anläßlich des 300. Geburtstags des Regenten zusammen, so Dorgerloh. Bis zum Beginn der Präsentation am 1. Mai 2012 am Neuen Palais in Potsdam würden verschiedene Facetten Friedrichs II. aufgearbeitet. Zur Schau "Friederisiko" - Friedrich der Große 1712 -2012" über Leben und Handeln des Monarchen sagte Guttenberg: "Friedrich der Große war eine schillernde Persönlichkeit." Dessen Wirken unter dem Gesichtspunkt "Risiko" zu betrachten, findet er spannend."

Diese Äußerung des Verteidigungsministers reiht sich nahtlos in die unbedarften Würdigungen von kenntnislosen Spitzenpolitikern ein.

In einem Interview im *Zeit-Magazin* (Nr.13, 25. März 2010) äußerte sich Alt-Bundeskanzler Helmut Schmidt zu Friedrich dem Großen ausgewogener:

> "Neulich habe ich mit Fritz Stern über Friedrich den Großen von Preußen gesprochen. Der war zwar nach innen liberal, nach außen aber hat er einen Krieg nach dem anderen geführt; er war ein Alexander des Großen im Taschenformat. Das heißt, das Urteil über Friedrich II. verändert sich, je nachdem, welchen Aspekt seines Wirkens man betrachtet."

Die Werbung für die Ausstellung "Friederisiko" im Neuen Palais im Park von Sanssouci vom 28. April bis zum 28. Oktober 2012 ist mit dem Magazin "Sans, Souci" der Stiftung Preußischer Schlösser und Gärten am 2. Oktober

2010, abgedruckt im Berliner *Tagesspiegel* als Beilage, öffentlichkeitswirksam angelaufen. Dort stellt sich das "Friederisiko-Team" (Alfred Hagemann, Jürgen Luh, Reinhard Alings, Ullrich Sachse) mit seinem Konzept für die Jubiläumspräsentation zum 300. Geburtstag Friedrichs des Großen im Jahre 2012 wie folgt vor:

> " Wir wollen keinen neuen Mythos aufbauen. Wir wollen dem Menschen Friedrich näher kommen. Das hat es in einer Ausstellung noch nie gegeben. Und das ist unser Risiko, ein gewagtes Spiel, sich einem Menschen zu nähern, der schon so lange tot ist und über den schon so vieles gesagt und geschrieben wurde." Friedrichs Risikobereitschaft lieferte den Ansatz für das Konzept. "Friedrich beginnt Kriege, er setzt alles auf eine Karte, gewinnt am Ende, zumindest verliert er nicht. Es hätte auch anders ausgehen können. Der Mut zum Risiko sagt auch etwas über die Person aus. Sein Drang zum Risiko läßt sich erklären mit seinem unstillbaren Drang zum Ruhm, der sich schon sehr frühzeitig zeigt", fasst Reinhard Alings zusammen. Bei "Friederisiko" geht es um den "gereiften Friedrich", um die Summe seines Lebens, und dafür ist das Neue Palais der ideale Ort. Es ist Friedrichs "Triumphdenkmal"..........

Es ist nur zu hoffen, dass sich die Ausstellungsmacher nicht verrennen!

F. Anhang zur Begehung des 200. Todestages

I. Bücher und Bildbände

1. Venohr: Fridericus Rex [volkstümlich-lesenswerte Biografie]
2. v. Aretin: Friedrich der Große. Bilder und Gegenbilder
3. v. Aretin und andere: Friedrich der Große. Herrscher zwischen Tradition und Fortschritt [prachtvoller Bildband]
4. Winter: Friedrich der Große und die Frauen
5. Ziechmann und andere: Panorama der friderizianischen Zeit. Ein Handbuch [großartig]
6. Ziechmann (Hrg.): Das Palladion. Ein ernsthaftes Gedicht in sechs Gesängen. Faksimile-Druck mit Kommentarband, am 11. Mai 1986 im *Tagesspiegel* besprochen

7. Hahn-Kerndl: Friedrich der Große im Münzbildnis seiner Zeit
8. Diederich: Friedrich der Große in Zinn, Bibliophile Taschenbücher
9. v. Krockow-Jürgens: Friedrich der Große - Lebensbilder [schöner Bildband]
10. v. Krockow: Friedrich II., König von Preußen. Die Wandlung eines Geschichtsbildes, Herausgeber: Niedersächsische Landeszentrale für politische Bildung
11. Museumspädagogischer Dienst: Der erzogene Friedrich. Zur Kindheitsgeschichte eines aufgeklärten Herrschers und seines Volkes
12. Röchling-Knötel: Der Alte Fritz in 50 Bildern für Jung und Alt (Reprint)
13. Dollinger: Friedrich II. von Preußen. Sein Bild im Wandel von zwei Jahrhunderten [lesenswert, aber mit Fehlern]
14. Sichelschmidt: Fridericus. Ein preußisches Lesebuch
15. Guddat: Grenadiere, Musketiere, Füsiliere. Die Infanterie Friedrichs des Großen
16. Treue (Hrsg.): Preußens großer König. Ploetz-Biografie [wichtig]
17. Gooch: Friedrich der Große. Herrscher - Schriftsteller - Mensch [Neuauflage]
18. Reiners: Friedrich. Das Leben des Preußenkönigs [Neuauflage]
19. Hartig (Hrsg.): Die Tagebücher. Henri de Catt. Vorleser Friedrichs des Großen [nicht mit den "Memoiren" Catts zu verwechseln]
20. Hofmann: Flegels haben Wir genug im Lande. Friedrich der Große in Zeugnissen, Berichten und Anekdoten
21. Duffy: Friedrich der Große. Ein Soldatenleben [lesenswert]
22. Greve: Friedrich der Große. Dem Staate dienen
23. Kadatz-Murza: Georg Wenzeslaus von Knobelsdorff Der geniale Baumeister Friedrichs II. 2. Auflage, 1985 zum 200.Todestag Friedrichs II
24. Rohdich: Friedrich Faszination. 200 Tage aus seinem Leben [lesenswert]
25. Knapp: Fridericus Rex. Ein ernsthaftes Spiel für unsere Jungen (Reprint)
26. Giersberg: Friedrich als Bauherr [prächtig]
27. Leuchner: Friedrich der Große: Zeit - Person - Wirkung [wichtig und informativ]
28. Krüger: Des Königs Musikant. Geschichten aus dem Leben des Carl Philipp Emanues Bach
29. Augstein: Preußens Friedrich und die Deutschen Jubiläumsausgabe
30. Mittenzwei: Friedrich II. von Preußen. Schriften und Briefe

31. Heinrich Mann: Die traurige Geschichte von Friedrich dem Großen. Ein Fragment. Der König von Preußen. Ein Essay
32. Eisele (Hrsg.): Kleine Bettlektüre: Aus der Zeit des Alten Fritz
33. Steinmetz (Hrsg.): Friedrich II. , König von Preussen, und die deutsche Literatur des 18. Jahrhunderts. Texte und Dokumente
34. Taureck (Hrsg.): Friedrich der Große und die Philosophie
35. Meiser: Friedrich der Große. Ausgewählte Texte, Goldmann-Taschenbuch
36. Kluxen: Bild eines Königs. Friedrich der Große in der Graphik
37. Dorn-Engelmann: Die Schlachten Friedrichs des Großen
38. Hoyau: Mit Damen weiß ich nicht wohin oder Friedrich der Große in Anekdoten
39. Reinalter: Österreich im friderizianischen Zeitalter. Zum 200. Todestag König Friedrich II. von Preußen
40. Knoll: Ob Fridericus wirklich tot ist? Über die Literaturproduktion zum Friedrich-Gedenkjahr - "Aus dem Antiquariat", Pressler, München, Heft 3 / 1987, Seite A110 - A120
41. Nordsiek: Getreue Unterthanen. Das preußische Fürstentum Minden zur Zeit Friedrichs des Großen
42. Duchhardt: Friedrich der Große, Franken und das Reich, Bayreuther historische Kolloquien, Band I
43. Hauser (Hrsg.): Friedrich der Große in seiner Zeit (Preußische Historische Kommission)
44. Freyer: Preußentum und Aufklärung. Eine Studie über Friedrichs des Großen Antimachiavel
45. Dietrich: Die politischen Testamente der Hohenzollern, Veröffentlichungen aus den Archiven Preussischer Kulturbesitz, Band 20
46. Fiedler: Die taktische Entwicklung der Armee unter Friedrich dem Großen in: Die Bewaffnung und Ausrüstung der Armee Friedrichs des Großen. Eine Dokumentation aus Anlaß seines 200. Todesjahres, Rastatt, Seite 15 - 33
47. Nürnberger: Friedrich der Große als Staatsmann, Herausgeber: Niedersächsische Landeszentrale für politische Bildung
48. Bundesministerium der Verteidigung: Beiheft 4/86 der Schriftenreihe "Innere Führung": Friedrich der Große (Auszüge aus Schieder, Ritter, Venohr, Hubatsch u.a.)
49. Landeszentrale für Politische Bildung Schleswig-Holstein: Band 53 der Gegenwartsfragen "Geschichte und nationale Identität“, Kiel, 1986, Gerd

Heinrich: Friedrich der Große. Zum Bild des Preußenherrschers nach zweihundert Jahren (1786 - 1986), Seite 49 - 68

50. Allergnädigster Vater: Die Verkrüppelung eines Charakters zu Wusterhausen, Dokumente aus der Jugendzeit Friedrichs II., Verlag Neues Leben, Berlin (Ost), 1986

II. Vorträge

1. Symposion der Preußischen Historischen Kommission zu Berlin in Zusammenarbeit mit der Stiftung preussischer Kulturbesitz vom 3. bis zum 6. März 1986 in der Staatsbibliothek mit dem Titel: "Friedrich der Große in seiner Zeit" - als Band 8 der Neuen Forschungen zur brandenburgisch-preußischen Geschichte 1987 herausgegeben
   a) Prof. Nürnberger: Friedrich der Große als Staatsmann
   b) Prof. Kunisch: Friedrich der Große als Feldherr
   c) Dr. Marwitz: Friedrich der Große als Heeresorganisator
   d) Dr. von Allmayer-Beck: die friderizianische Armee im Spiegel ihrer österreichischen Gegner
   e) Prof. Mediger: Friedrich der Große und Rußland
   f) Prof. Hauser: England und Friedrich der Große
   g) Prof. Hatten: Friedrich der Große und das Haus Hannover
   h) Dr. Giesebrecht: Friedrich der Große und die Vereinigten Staaten von Amerika
   i) Prof. Sagave: Friedrich der Große und die französische Kultur
   j) Prof. Birtsch: Friedrich der Große und die Aufklärung
   k) Prof. Ogris: Friedrich der Große und das Recht
   l) Prof. Baumgart: Kronprinzenopposition - Friedrich und Friedrich Wilhelm I
   m) Prof. Roulet: Friedrich der Große und Neuenburg
   n) Prof. Balg: Friedrich der Große als Bauherr seiner Residenz Berlin
   o) Prof. Börsch-Supan: Friedrich der Große im zeitgenössischen Bildnis
2. Historische Kommission zu Berlin - nicht zu verwechseln mit oben I.)) vom 18. bis zum 20. August 1986: "Friedrich der Große. Standortbestimmung nach 200 Jahren". Öffentlicher Schlussvortrag am 20. August in der Zitadelle Spandau von Prof. Baumgart:" Friedrich der Große als europäische Gestalt"

3. Universität Bayreuth: Symposion vom 30. bis 31. Mai 1986: "Friedrich der Große, Franken und das Reich"
4. Prof. Sagave: Dia-Vortrag in der Urania am 10. März 1986: " Friedrich der Große und die französische Kunst"
5. Prof. Sagave: Volkshochschule Steglitz am 3. März 1986: "Friedrich der Große 1712 - 1786. Aufklärer - Reformer - Rebell gegen das alte Europa"
6. Prof. Langer: Dia-Vortrag in der Zitadelle Spandau am 25. April 1986: "Das Theater in Wien und Berlin zur Zeit Maria Theresias und Friedrichs des Großen"
7. Siche-Hoffmann: Am 27. April 1986 in der Zitadelle Spandau: "0 König von Preußen, du großer Potentat" Lesung mit Musik
8. Grothe: Zitadelle Spandau am 9. Mai 1986: "Spandau zur Zeit Friedrichs des Großen
9. Dr. Pfefferkorn: Zitadelle Spandau am 12. Mai 1986: "Friedrich der Große und Schloß Sanssouci"
10. Rose: Am 6. Mai 1986 im Demokratischen Klub: "Friedrich der Große, Aufklärer, Reformer, Rebell. Sein Bild in Ost und West"
11. Prof. Hauschild: Am 10. Juli 1986 in der Staatsbibliothek: "Religion und Politik bei Friedrich dem Großen"
12. Prof. Kunisch: Am 11. Juli 1986 in der Staatsbibliothek "Preußen im Zeitalter Friedrichs des Großen"
13. v. Weizsäcker: "Friedrich der Große" Die Berliner Rede des Bundespräsidenten zum 200. Todestags des Preußenkönigs am 16. August 1986 im Schloß Charlottenburg
14. Dr. Zuchold: Am 5. September 1986 im Rathaus Charlottenburg: "Friedrich der Große und die Götter der Antike"
15. Prof. Börsch-Supan:
    a) am 26. September 1986 in der Urania
    b) am 7. November 1986 im Rathaus Charlottenburg
    c) am 30. Oktober 1986 in der Staatsbibliothek, Dia-Vorträge: "Zeitgenössische Bildnisse Friedrichs des Großen"
16. von Krockow: Dia-Vortrag in der Urania am 9. Oktober 1986 in der Urania: "Friedrich der Große. Zum 200. Todestag des Preußenkönigs" und am selben Tage Lesung bei "Elwert und Meurer"
17. W. Kupsch: Vortrag in der Kaiser-Wilhelm-Gedächtnis-Kirchengemeinde am 24. September 1986, Lietzenburger Straße 39

18. Kunisch (Hrsg.): Analecta Fridericiana. 5 Vorträge im August 1986 aus Anlaß des 200. Todestages Friedrichs des Großen
19. Kreuzberger Kunst- und Kulturverein, Berlin-Museum am 2. September 1986: "Friedrich II. eine literarisch-historische Zitat-Collage"
20. Dr. Gundermann: Am 22. Oktober 1986 in der Urania, Dia-Vortrag: "Auf den Spuren Friedrichs des Großen - Historische Entdeckungen auf Berliner Spaziergängen
21. Grothe: Am 28. Oktober 1986 in der Urania, Dia-Vortrag: "Berlin zur Zeit Friedrichs des Großen"
22. Prof. Schlenke: Festvortrag auf Burg Hohenzollern am 17. August 1986. Bundeskanzler Kohl und Ministerpräsident Späth legen Kränze am Sarg Friedrichs am Vortage nieder
23. Dr. Eibern: Vom Kronprinzen zum alten Fritz - Lebensbilder en miniature, Dia-Vortrag in der Urania am 4. November 1986
24. Prof. Irmgard Wirth: "Friedrich der Große im Werk Adolph von Menzels - Gemälde und Graphik", Dia-Vortrag in der Urania am 17. November 1986

III. Rundfunksendungen

1. SFB I am 14. August 1986, Schulfunk: Friedrich II. als Staatsmann, Vortrag von Prof. Nürnberger
2. SFB I am 15. August 1986, Schulfunk: Friedrich II. und wir. Gedanken von Prof. Greifenhagen
3. SFB II am 13. August 1986, Schulfunk: Wie oben 1.
4. SFB II am 14. August 1986, Schulfunk: Wie oben 2.
5. SFB II am 20. August 1986: Friedrich der Große und die französische Kultur, Vortrag von Prof. Sagave
6. SFB I am 17. August 1986: Das Sonntagskonzert im Dienste Friedrichs des Großen
7. SFB I am 17. August 1986: Friedrich der Große Lebensbilder von v. Krockow
8. SFB III am 16, 23., 30. Juli; 6., 13., 20., 27. August; 10., 17. und 24. September 1986: Musik am Hofe Friedrichs des Großen
9. SFB I am 18. August 1986: Quantz ist ein Esel, Friedrich der Zweite, ein preußischer König und die Musik

10. SFB II am 4. September 1986, Schulfunk: Expeditionen in die Musikgeschichte: Königliche Musik (Friedrich der Große und Johann Sebastian Bach 1747)
11. SFB I am 9 November 1986: Montezuma (Hebbel-Theater Aufführung aus dem Jahre 1981)
12. SFB III am 12. November 1986: Des Königs Flötenlehrer, Musikalische Früchte der Reisen des Johann Joachim Quantz, mit Werken von Friedrich dem Großen
13. SFB I am 20. November 1986, Berliner Festwochen: Vier Flöten für Friedrich den Großen

IV. Fernsehsendungen

1. Aspekte, am 15. August 1986, Bericht über die Friedrich-Ausstellung im Neuen Palais
2. Nord III. 20. Juni 1986, Sommernacht der Musik, u.a. ein Satz aus dem 3. Flötenkonzert Friedrichs des Großen, gespielt von Karlheinz Zöller und den Philharmonischen Streicher-Solisten, und einer Arie aus "Il re pastore", ebenfalls von dem Preußenkönig, gesungen von Eva Lind, Aufnahmeort: Schloss Charlottenburg
3. ARD am 3. August 1986: Ich, ein kühles Kind der Vernunft, Friedrich II., König von Preußen
4. DDR I am 14. August 1986: Der Reiter Unter den Linden. Zum 200. Todestag Friedrichs II
5. Bayern III / Kabelnetz, am 15. August 1986: Friedrich der Große. Ein Abend zum 200. Todestag. Gesprächsrunde aus der Stammburg der Hohenzollern
6. ARD am 16. August 1986: Rendezvous mit dem Alten Fritz. Zum 200. Todestag
7. ZDF am 18. August 1986: Friedrich II. von Preußen - Die große und die kleine Welt, Film von David H. Wittenberg
8. ZDF am 16. August 1986: Zum 200. Todestag von Friedrich dem Großen. Festakt aus dem Schloss Charlottenburg, Reden des Regierenden Bürgermeisters von Berlin, Diepgen, und des Bundespräsidenten v. Weizsäcker
9. ZDF am 17. August 1986: Gefahr für den König. Ein preußisches Nachtstück um Friedrich II., von Heiner Michel

10. DDR II am 17. August 1986: Interview mit einem König. Friedrich II. von Preußen, ein Fernsehspiel
11. Hessen III / Nord III am 16. August 1986: Bericht von Jürgen Boettscher "Die Wohnungen Friedrichs des Großen. Schloß Charlottenburg, Sanssouci und das Neue Palais als Spiegel der Lebensgeschichte des Preußenkönigs; Zweiter Teil am 2. September 1986
12. Hessen II / Nord III am 16. August 1986: Königliche Abend-Musique aus dem Schloß Charlottenburg mit Kompositionen Friedrichs des Großen
13. ARD I (WDR) am 8. November 1986: Ein königliches Thema. Musikalisches Opfer von Johann Sebastian Bach
14. ARD III (Nord)-Programm am 9. November 1986: Klassik zum Frühstück. Musik von Mozart, Friedrich II.von Preußen, Weber, Haydn ...; Gleichzeitige Ausstrahlung im Hörfunk, SFB II .
15. SFB im Jahre 1987: Die Menagerie von Sanssouci (stark gekürzte Fassung), eine philosophische Posse, vgl. den Text der Edition Hentrich, Berlin, 1988, Uraufführung am 13. Februar 1988 im Schloßpark-Theater in Berlin-Steglitz. Text von Boeser

V. Theateraufführungen / musikalische Veranstaltungen

1. Deutsches Theater (Ost-Berlin): Die traurige Geschichte von Friedrich dem Großen. Dramenfragment von Heinrich Mann, Inszenierung von Alexander Lang
2. Deutsche Oper Berlin / 36. Berliner Festwochen vom 1. bis 28.September 1986 "Montezuma". Neueinstudierung unter der Regie von Herbert Wernicke, Oper von Graun / Friedrich II.
3. Ulrich Senn und das Kammerorchester Berlin am 11. Mai 1986 in der Zitadelle Spandau: Musik am Hofe Friedrichs des Großen, Flötenkonzert
4. Chamber Orchestra of Europe unter Claudio Abbado am 27. August 1986 im Musikinstrumenten-Museum: Vier Flöten für Friedrich den Großen
5. Bach-Tage vom 8. bis 13 Juli 1986: Friedrich der Große und Johann Sebastian Bach,
   a) 9. Juli in der Staatsbibliothek: Flötenmusik am Hofe Friedrichs des Großen,
   b) 10.Juli, Schloß Charlottenburg: Orgelmusik von J.S. Bach, Werke von

Friedrich dem Großen, C.Ph.E. Bach und Quantz,

   c) 12.Juli, Haus des Rundfunks: Gesprächskonzert J.S. Bach: Musikalisches Opfer

6. Neues Palais / Sanssouci von Juni bis Juli: Friedrich - ein Trauerspiel, nach Montezuma, von Peter Brähmig,
7. Arsenal-Kino in Schöneberg:
   a) 16. August, Gerhard Schoenberger, Vortrag mit Filmbeispielen "Porträt zum politischen Leitbild",
   b) 17. August, Video-Aufzeichnung der Aufführung des Ost-Berliner Deutschen Theaters "Die traurige Geschichte von Friedrich dem Großen",
8. Herzog-August-Bibliothek Wolfenbüttel am 4. September: Musik in Sanssouci, Konzert zum 200. Todestag Friedrichs des Großen, Werke von Friedrich dem Großen, C.Ph.E.Bach, Benda, Fasch, Graun
9. Zoo-Palast, Sonntags-Matineen ab 3. August 1986: Anekdoten um den großen König. Eine Sammlung von drei Kurzfilmen aus der Zeit des großen deutschen Films
10. Quantz-Sebon-Ensemble, Schloßpark Glienicke am 16. August 1986, Werke von Friedrich dem Großen, Bach und Vivaldi
11. Maxim-Gorki-Theater (Ost-Berlin): "Die Preußen kommen" von Claus Hammel
12. Quantz-Sebon-Ensemble, Konzert am Hofe Friedrichs II, Eichengalerie des Schlosses Charlottenburg am 13. November 1986
13. Ensemble Sans-Souci: Musikalische Soiree am Hofe Friedrichs des Großen in der St. Matthäus-Kirche an der Philharmonie am 22. November 1986
14. Münchner Rokoko-Solisten am 21. November 1986 im Schloß Charlottenburg: Musikalisches Wandelkonzert mit Kerzenlicht
15. Berliner Filmclub im St-Michaels-Heim im Grunewald am 1. Dezember 1986
   a) Das Flötenkonzert von Sanssouci, Film von 1930
   b) am 8. Dezember 1986 "Fridericus", Film von 1936

VI. Aufsätze

1. von Krockow im *Zeit-Magazin* ab 14. März 1986: Das königliche Drama
2. von Krockow, *Tagesspiegel*-Serie ab 18. Mai 1986: Friedrich II. ohne Glorie. Preußens großer König in heutiger Sicht
3. von Krockow, *Frankfurter Allgemeine Zeitung*, 16. August 1986: Das preußische Modell. Zum zweihundertsten Todestag Friedrich des Großen
4. *Kempinski-Journal*, Heft 2 / 1986: Friedrich II. Machtmensch und Philosoph
5. Venohr in *HörZu* ab 15. August 1986: Der Mann, der Europa veränderte
6. Görlitz in *Die Welt* vom 16. August 1986: Ein Mehrer des Reiches und erster Diener des Staates
7. v. Gerlach in *Neue Juristische Wochenschrift* (NJW) , Heft 37: Ein Königtum für das Recht; Zum 200. Todesjahr Friedrichs des Großen
8. Augstein im *Spiegel* vom 4. August 1986: Von Friedrich zu Hitler und Titelgeschichte: Friedrich, ein Denkmal kehrt wieder
9. Schnitter, Militärgeschichtliches Institut der DDR, *Zeitung* aus Görlitz: Der königliche Feldherr
10. Mittenzwei, DDR, *Zeitung* aus Görlitz:" Der Philosoph von Sanssouci"
11. Venohr ab 17. August 1986 in der *Berliner Morgenpost*: Friedrich II:
12. Prof. Dr. Günter Vogler in *Neues Deutschland* vom 16./17. August 1986: Ein aufgeklärter Monarch auf dem preußischen Thron
13. Diwald im *Rheinischen Merkur* / Christ und Welt vom 15. August 1916: Ein Räuber, ein Preuße und doch ein guter König
14. Karl Heinz Rose in der *Welt am Sonntag* vom 11. Mai 1986: "Alter Fritz" und "edler Ritter"
15. Bernhard Schwipps: Die Irrfahrt der Konigssärge. Friedrich der Große liegt heute auf Burg Hohenzollern begraben, in: *Kulturpolitische Korrespondenz* 623 (1986), Seite 3-6
16. v. Simson in der *Frankfurter Allgemeinen Zeitung* vom 27. Dezember 1986: Der Hof Friedrichs - eine Vision von Watteau
17. Knut Görich: Ein Schwuler auf dem Königsthron. Skandal und Pikanterie im Leben Friedrichs II., in *Siegessäule* 3 (1986), Nr.11, Seite 27 - 28

VII. Diverses: Kalender, Münzen, Medaillen, Briefmarken, Zinnfiguren, Gedenkteller

1. Vier Friedrich-Kalender 1986 (u.a. von der Königlichen Porzellan-Manufaktur (KPM) und dem Senat von Berlin
2. Musik aus Sanssouci: Friedrich der Große und Carl Philipp Emanuel Bach, zwei Langspielplatten in einer Kassette
3. Besichtigungsfahrt des Deutschen Reisebüros (DER) vom 27. August bis zum 8. Oktober 1986 zur Ausstellung "Friedrich II. und die Kunst" im Neuen Palais im Park von Sanssouci
4. Je eine Gedenkbriefmarke - Wert 80 Pfg. - der Deutschen Bundespost und der Landespostdirektion Berlin. Mit Postreklame "Der Alte Fritz und Berlin". Verlosung von 5 Wochenendreisen nach Berlin, Preisfrage: In welchem Jahr wurde Friedrich II. geboren?
5. Ein Gedenk-Fünfmarkstück der Deutschen Bundesbank im Herbst 1986 (ab 22. Oktober 1986)
6. Eine Gedenk-Edition von 25 Zinn-Skulpturen zu Ehren der ruhmreichsten Regimenter des Preußenkönigs, zusammengestellt von der Deutschen Gesellschaft für Heereskunde
7. Silber- und Goldmedaillen im Werte von 59,50 DM bzw. 925,00 DM
8. "Morgenpost-Gedenkteller" der KPM zum 200. Todestag zum Preise von 94,00 DM
9. Gedenkkollektion der KPM zum 200. Todestag ihres Gründers König Friedrich II., 15 Teile zum Preise von 10.542,00 DM
10. Gedenkteller und ähnliche Souvenirs verschiedener Hersteller
11. Katalog, Nummer 29, der Galerie J. H. Bauer in Hannover: Friedrich der Große und seine Zeit. Bildnisse und Darstellungen
12. KPM-Verkaufsausstellung im KaDeWe im Oktober 1986: Friedrich der Große zu Gast im KaDeWe
13. Sonderkatalog des Versandantiquariats Ziechmann, Bremen, Titel: Friedrich der Große
14. Archiv-Verlag, Braunschweig: Historische Zinnfiguren. Friedrich der Große und seine Zeit
15. Starke-Verlag, Limburg: Bild eines Königs. Friedrich der Große in der Graphik. 9 Bild-Faksimiles mit getrennten Beschreibungen in einer Schmuckmappe
16. Gedenkfeier der Evangelischen Kirche von Berlin-Brandenburg in der

Nikolaikirche in Potsdam am 17. August 1986
17. Universitäts- und Stadtbibliothek Köln, Ausstellungskatalog " Friedrich der Große und seine Zeit"
18. Dietmar Zoedler: Vivat Fridericus Borussorum rex. Schlachtenszenen auf schlesischen Glaspokalen, in Antiqua '86, herausgegeben von der Ausstellungs-Messe-Kongreß GmbH, Berlin, 1986, Seite 15 - 17.

Buchempfehlungen

Olaf Kappelt "**Spaziergang mit Friedrich dem Großen**"
16,80 € · ISBN 978-3-939929-10-9

Olaf Kappelt "**Friedrich der Große: Meine Koch- und Küchengeheimnisse**"
36,80 € · ISBN 978-3-939929-13-0

Olaf Kappelt "**Als Neuenburg und Valangin noch bei Preussen waren, vor 300 Jahren**"
39,80 € · ISBN 978-3-939929-08-6

Olaf Kappelt (Hrsg.) im Auftrag von QUO VADIS "**Von Troja nach Berlin**"
29,80 € · ISBN 978-3-939929-04-8

Olaf Kappelt „**Berlin Kalender Friedrichs des Großen für das Jubiläumsjahr anno 2011**"
19,80 € · ISBN: 978-3-939929-15-4

Olaf Kappelt „**Potsdam Kalender Friedrichs des Großen für das Jubiläumsjahr anno 2011**"
19,80 € · ISBN: 978-3-939929-16-1

Olaf Kappelt „**Reise Kalender Friedrichs des Großen für das Jubiläumsjahr anno 2011**"
19,80 € · ISBN: 978-3-939929-17-8

Das Historienspiel von Olaf Kappelt

Während seiner Würzburger Studienzeit begann Olaf Kappelt seine Tätigkeit als Historiendarsteller und Protegé des Rothenburger Rittermahls. Im Herbst 2000 zog es ihn zurück in die Heimat seiner Berliner Vorfahren. Hier entwickelte er eine der bekanntesten Berliner Stadttouren mit Kult-Status. Als Preußen-Experte und Friedrich-Darsteller erwarb er sich einen weit über die deutsche Hauptstadt hinaus reichenden Ruf. Spielerisch schlüpft er in die Rolle des legendären Preußenkönigs und verzaubert eindrucksvoll und lebendig sein Publikum.
Im Urteil von TOP-Guide Berlin gilt das von ihm produzierte hochwertige Kulturprodukt als die „ungewöhnlichste Sightseeing-Tour der Welt!“ Gewürdigt von Bundeskanzler Gerhard Schröder und dem Bundestagspräsidenten finden seine Auftritte als „Friedrich der Große“ nationale und internationale Beachtung.

Spaziergang und Tafelrunde mit Friedrich dem Großen

"Alter-Fritz"-Erlebnis-Tour durch Berlin wahlweise mit Reichstag und Exkursion nach Potsdam-Sanssouci mit anschließender Tafelrunde

- ganzjährig buchbar
- bei jedem Wetter
- öffentliche und exklusive Termine
- in deutsch und englisch

Frühzeitige Reservierung erforderlich unter:

www.koenig-friedrich.de
Telefon: 030-450 238 74 / mobil: 0175-950 74 36
Telefax: (030) 45 02 41 67
Treffpunkt: Brandenburger Tor zu Berlin / Pariser Platz (vor Touristen-Info)

Nahezu täglich wird er in Berlins Mitte auf dem Prachtboulevard "Unter den Linden" und in Potsdam-Sanssouci gesichtet: Der leibhaftige König! Nein, leibhaftig natürlich nicht. Der Mann, der dem Alten Fritz so täuschend ähnelt, ist Dr. phil. Olaf Kappelt. Spielerisch verzaubert der Buchautor als Preußen-Experte und Friedrich-Darsteller seine Zuhörer. Unverwechselbar nah, eindrucksvoll inszeniert und sauber recherchiert. Jede Veranstaltung mit ihm wird zu einem unvergleichbaren Erlebnis. Unterhaltsam und informativ gestaltet er seine Stadtführungen durch Berlins historische Mitte und die Exkursion nach Potsdam-Sanssouci. Seine Erzählungen im Fokus und auf den sichtbaren und versteckten Spuren des legendären Preußenkönigs sind eine einzigartige Zeitreise durch 300 Jahre Berlin-Brandenburgische Geschichte.

14 Uhr*: "Alter-Fritz"-Erlebnis-Tour:

Original-Berliner Stadtführung mit dem Schriftsteller Dr. Olaf Kappelt, verkleidet als Friedrich II. Ein Spaziergang durch die historische Mitte Berlins, vom Stadttor zum Geburtsort des Königs einschl. Inspektion der Schlossbaustelle.

Reichstag-Bundestag-Spezial:

Der Demokratie voraus ging die Aufklärung und so begleitet der Zeithistoriker und Königsdarsteller Dr. Olaf Kappelt im Anschluss an die Stadtführung zusätzlich seine Gäste schnell und ohne lästiges Schlangestehen in den Reichstag. Durch einen Seiteneingang wird das Parlamentsgebäude betreten und der Aufstieg zur Kuppel beginnt, verbunden mit einem exklusiven Sektempfang und einen einzigartigen Ausblick hoch über den Dächern Berlins. Dauer: ca. 1 Std.

18:30 Uhr*: Exkursion nach Potsdam-Sanssouci:

Oft fuhr der König einstmals in Begleitung bedeutsamer Gäste von Berlin nach Potsdam. Am Brandenburger Tor zu Potsdam wartet er auch heute noch auf Besucher, um sie in sein privates Reich nach Sanssouci zu begleiten. Die Exkursion ist in Verbindung mit einer Tafelrunde am historischen Ort buchbar. Die Rückkehr nach Berlin erfolgt gegen 22.30 Uhr.

Tafelrunde am historischen Ort in Sanssouci:

Allabendlich bittet der König höchst persönlich zur unterhaltsamen Tafelrunde nach Sanssouci. Hier geht es um den Geschmack des Königs, im wahrsten Sinne des Wortes. Ein völlig neues Friedrich-Erlebnis: der Preußenkönig kulinarisch betrachtet. Am historischen Ort im Park von Sanssouci lebt die weltberühmte Tafelrunde Friedrichs des Großen mit Friedrich-Darsteller Dr. Olaf Kappelt neu auf. Geboten werden ein kleines Schauspiel mit acht exquisiten Menübestandteilen, aufgetragen in vier Gängen. Gekocht wird nach den Original-Küchenzetteln Friedrichs II., die der Königsdarsteller in einem Archiv entdeckte und daraus ein Kochbuch entwickelte.

---

*Änderungen vorbehalten